愛與幸福の原點

Love and Happiness

大川隆法——著

收起「奪愛」的心，伸出「施愛」的雙手，才會有更多的愛，進駐心中。
愛的起源，來自於永恆的生命；如果沒有愛，沒有感謝的心情，無法創造真正的幸福。
有了愛與幸福的基礎，生命自然充滿勇氣，可以突破萬難，心想事成。

前言

這本《愛與幸福的原點》，書中詳載了眾多「幸福科學」的基礎理論。「幸福科學」所倡導的名為「現代四正道」的「幸福的原理」當中，「愛」是其第一個原理。讀者應可在本書當中發現到何謂愛的本質。

本書以簡而易懂的話語，所敘述的邁向幸福的方法，已讓許多人從挫折的人生當中重新站起。這些人皆訝異於，竟然能以如此簡單的方法，進而讓人生好轉、潤滑人與人之間的關係。

本書是我送給各位讀者的「哥倫布的雞蛋」（請參照內文）。由衷期盼讀者能夠從本書學習到「靈性人生觀」、「施愛」、「信仰」以及「人生勝利的方程式」。希望讀者能將此書做為步入嶄新人生的參考書。

大川隆法

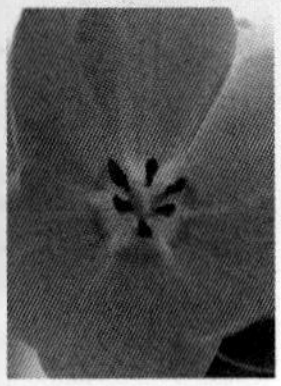

3

Contents

Contents

Contents

Contents

Contents

Contents

Contents

Contents

第一章 愛的原點

一、愛意味著什麼

關於「愛」的問題，在許多書中有各式各樣的論述，每個人對「愛」的看法也大相逕庭。或許有些人為愛而煩惱，有些人則沈浸在愛的海洋中。

我曾經花許多時間來思考「愛」，探討「愛」究竟是什麼？

首先，我為「愛」定義。人類是透過根本佛的分光才出現的，各具性格的人們，在生活中都會產生類似思鄉、戀母的情緒，產生一種希望重歸母親懷抱的眷戀。愛的淵源，其實就是源自這種深層的心願。

事實上，世間萬物均由佛的分光締造而成，所以談論愛的問題時，終究要回歸到對「萬物歸於佛」的理解。

從這層意義來看，「愛」的問題就清楚明白了，人與人之間不是彼此對立的存

在，而是同源同體。因此，在愛之根本上，愛人等同愛己、愛佛。

以此觀點解釋「愛的意義」，結論即是「愛是唯一的根源，是萬物相吸、相聚的力量，是創造普遍幸福的力量」。

這不是抽象乏味的空論。不妨想想，世間男女為何結姻緣？不就是由於男女之間存在著相互扶助向上的心意嗎？人，絕不可能在獨自一人的情況下，達到自我提高的目的。

魯賓遜流落孤島時，雖然可以勉強地活下去，但在那種孤獨的狀況下，打從心底激勵自己奮發向上，恐怕是緣木求魚。奮發向上的決心，畢竟是由於他人的存在，才使自己產生初步的進取意識。人，不可能獨自一個人做自我評定，因為其他人的存在，才能做到相互評價。靈魂因為能夠感受到他人的看法、眼光、態度等，才能夠接受磨練。

經過如此分析，必然可以領悟到，他人的存在就是一種愛的體現，若是忽視這一點，人的進步、奮發向上和幸福等就不能成立了。相對的，因為他人的存在，當然也會產生痛苦，形成人的煩惱和迷惑。

二、愛的起源

接下來，一起來探討愛的起源。

人為什麼會從內心湧現對他人的愛呢？為什麼男女之間會相互恩愛呢？為什麼夫妻會有同舟共濟的心願呢？為什麼父母與子女的關係能維持幾十年呢？

若以父母與子女的關係為例，如果說母親疼愛自己的孩子，單純是因為孩子是自己所生，這種說法大概無法使人信服。例如，某些動物在產子之後，便拋之而去；但人類則完全不同。在養育孩子的過程中，能夠獲得無與倫比的喜悅；在彼此共同成長之中，能夠分享各種經歷和歡欣。

這意味著什麼呢？是因為孩子感受到父母之愛如何偉大之後，才有了這份感情嗎？當然不是。夫妻之愛亦是如此，並不是接受了夫妻之愛如何崇高、如何理所當然等說教後，才產生了愛情。人一到思春期，男女之間自然會產生情愫。

如此思考下去，不難明白，愛的起源終歸為一。從這結論上來看，各個問題都可以歸結於人的生命根源，這根源就是愛。愛，是相互勉勵、培育的力量。

有些人認為，維持身體活動的熱量，來自糧食、肉和蔬菜等食物，但如果用上述方法思考，這些食物也都是愛的能量的體現。無論是在人世間，還是在超越世間的靈界，到處都充滿了愛的能源。

魚肉、動植物等之所以能夠強壯人的軀體，將熱量轉換為血肉，不就是因為它們同樣是愛的能源嗎？為什麼水果、蔬菜具有美味？為什麼魚肉如此鮮嫩？為什麼豬、牛等適合食用？也許人們感覺不出它們是心甘情願的，但仔細觀察必能有所察覺，這些生命的存在，似乎就為了服務於人。

由此觀之，人生於世所汲取的能量，就是其他存在之愛的體現。愛不屬於利己的範疇，而是盡情奉獻之心，動植物也同樣懷抱此心，同屬於愛之能源。

愛，不侷限於人世間，還貫穿超越人世間的靈魂世界。愛同源同性，來自無邊無際之宇宙彼岸，傾注而下，給予靈魂永遠的生命力。

大家或許飽覽過各種書籍，閱讀過佛法經典，對於永生不滅的人生命題已有所瞭解，但有沒有想過「永生」究竟是什麼？為什麼生命永生不滅？相形之下，這個世界似乎沒有永不停止的「不朽機器」，即使理論上能夠幾乎達到天衣無縫的地步，但是實際上卻行不通。

有些人會問：「為什麼靈魂可以永存？為什麼靈魂可以永生不滅？」因為永遠的生命力，有佛愛、佛力的養育。生命能量永續的事實，就是愛的能源不斷傾注的證明。愛的起源，存在於人類和各種動植物等持有永遠的生命之中。生命永存，必須永不停滯地接受相應的能源供給，需要偉大的佛賜予養育生命的慈悲。這一切，都是愛的起源。

三、愛的妨礙

「究竟是什麼思想和行為妨礙著愛呢？」一起來為這問題尋找解答吧！

事實上，愛的起源正是永生的肇始，這說明愛不是人與人之間的隔離層，而是

共同得到發展的力量。從這個觀點來分析，妨礙著佛愛的，就是反向的思想。例如，否定生命永生不滅，否定靈魂輪迴於永生之中的思想，這都是與愛的思想相互牴觸。

把一生一世視為人的整個生命期的思想，正是讓利己主義孳生的土壤。由於認為生命只有短短幾十年，死後便化為灰燼，在思想上容易形成我執，繼而將自己與他人區分開來，造成彼此間的痛苦、悲傷。這種以自我為中心的思想，導致人們為滿足自身欲望而不惜剝奪他人的自由，強迫他人屈從於自己，甚至強勢地支配他人。當不能盡如己意時，便滿腹牢騷、惡口傷人，這正是「惡口」現象之因。

可以說，世間的牢騷、憂鬱、暴怒、嫉妒等不道德的情緒根源，源自生命是有限的思想上。若要覺悟愛的力量、從妨礙愛的思想中掙脫，就必須真正認識生命是永恆的意義，同時認知愛是共勉向上的力量。這股正向的力量，是指彼此相互施予、互惠、利他的心懷，與專為利己、扯人後腿、唯利是圖的想法背道而馳，只有相互施愛，才能創造出更加美好的前景。

譬如，兩位穿著漂亮的女性，其中A女對自己漂亮的衣裙洋洋自得，B女也不停炫耀自己的衣裙如何高雅，這會導致怎樣的反應與結果呢？假如她們不是各自炫耀，而是相互讚美的話，兩個人就都會感到心情舒暢。在自我讚美中，不可能獲得與寶石相媲美的輝煌喜悅。

當真心誠意地讚美對方時，自己的臉上也會露出發自心底的笑容，受到讚美的一方也會露出欣喜的微笑，同時也會對你表示讚美，當你聽到對方的讚美時，自然喜上加喜。相反的，從自我讚美中得不到如此程度的喜悅，即使產生自我滿足感也不會持久。如何巧妙地運用這愛和幸福的技法是關鍵。

這個妨礙著愛的思想，將自己與他人隔離，使自己陷入孤獨的境地。所以時時懷抱著願他人心情舒暢的心緒，反而能使自己廣泛接觸喜悅、獲得幸福。

歸結來說，所謂嫉妒、恐怖、猜疑、惡口、牢騷、悲哀、苦惱等等，都是導因於自己畫地自限，將自己孤立在憐憫的圍籬之中。這不就是那些不知相互施惠的孤獨世界觀嗎？

每個人都應該每天捫心自問：「是否施予了？是否表達愛了？是否用愛心與人交往了？是否做到以誠相待了？是否以溫柔之心待人接物了？」

如果實踐愛的人可以充滿人間，那麼這個世界就是烏托邦（佛國土）的世界了。烏托邦的世界並非高不可攀，保持讓人高興、與人幸福的心願就是第一步。

四、超越善與惡

如何從「愛」的觀點，看待善與惡的問題呢？

自古以來，無論基督教或關於神學方面，多有善惡二元對立說，長久以來爭論不休的論點是：「神既然是善、是唯一的存在，為什麼世間會有惡？為什麼天使也會墮落地獄？這難道是神的策略嗎？善惡的出現，是否出自偶然呢？」

在世人的眼裡，靈界的構成也許難以理解，然而，可以確信的是，靈魂實在界不只是天國和地獄，這種兩個單純對立的部分組成。

人，在世間共同生活，經常發生意見分歧的情形。假如十個人當中，只有一個人與他人的意見相左，這個人就會倍感孤獨，也許這就是惡因所在。這特立獨行的想法是否正確，並沒有確鑿的證據，所以只能說其他九個人無法理解這個人的想法，或者說這個人缺乏讓別人理解自己意見的說服力。

從這個觀點來看，產生善與惡的原因，也許來自「理解」和「說服」的技巧上。如果一個人能理解所有人的心思，自然就能寬容所有的人，因為在認識和理解之後，才能逐步寬容一切。人，由於不能相互理解，才彼此樹敵，才責難他人，並牢騷滿腹。

其實，不能相互理解，是因為做不到以理服人。明確地說，善惡的起因在於彼此不能將心比心，彼此無法看出對方的真心。煩擾的世間生活，使人不能相互坦誠相見，不能正確地觀察、理解人心，當無法明白真心，將導致不能理解和說服別人，善惡的問題就發生了。若人心清淨，善惡根本不會發生。靈魂寄宿肉身是為了修行，但遺憾的是，不易明白真心的血肉之軀，卻形成彼此相互理解的阻礙。

既然如此，應該怎麼辨呢？在A與B彼此互不明白真心時，又該怎樣做呢？答

案是：以第三者為基準。這個第三者就是佛，應該與佛心相應，將佛的教誨視為規範，努力調整心境，使心通佛願。這樣便能達到彼此心意相通和人生觀一致。即使人與人之間難以達到完全理解，但人們透過各自生涯來體現佛心，在傳播佛法的行為活動中，便可以尋獲共感、共鳴。

由此可見，獲得真理是超越和統御善惡的手段和方法。真理的啟蒙和覺悟，可以超渡世間的善惡，衝破阻礙人們相互理解的圍欄，走上超越善惡的悟道。

知真理，就是超越善惡的強勁力量，這是勝於雄辯的事實。

五、愛的原點

以上，從幾個角度闡述了愛，但是「愛的原點」又在哪裡呢？

首先，須知「愛的原點」是一顆非常謙虛的心。真正的「愛」，沒有任何傲慢，沒有試圖支配他人的欲望，沒有居高臨下之感，沒有訓斥他人的陋習；真正的「愛」，是無私的奉獻，是無償的施予，是體貼的心懷。心越純潔，動機越純真，「愛」的光芒就越絢麗多彩。

「愛」是在追尋美的旅程上的進行曲，「愛」是靈魂綻放出的美麗光彩。靈魂之光可以說是「愛的原點」，這是我們必須把握的出發點。從現在開始，讓靈魂閃耀出更完美的光彩吧！

鑽石為什麼會放射出美麗之光？因為它擁有完美的切面。即使是個無比上等的鑽石，若未經加工、刻面不整的話，依然會現出陰影，就稱不上完美了。鑽石必須在刻面均整的狀況下，才能放射出美麗的光芒。

人的靈魂如何才能放出均勻的光彩呢？這是人生中極為重要的問題。對這均勻

的光彩追根尋源，便可以知曉，只有靈魂體現了佛，才能夠放出光彩。

佛即是愛，佛即是知，佛即是勇氣，佛即是光明，佛即是叡智、佛即是仁義，佛即是慈悲，佛具備了鑽石般的亮光切面。若要靈魂永遠向上進化，就要在汲取佛的各種光芒上努力。

「愛的原點」在於如何創造靈魂之閃光。因此，我們需要盡量發現和汲取佛的完美屬性，並加以磨練，讓靈魂釋放更加美麗的光彩，展現出均衡協調的美麗。這就是人的目標、人生的目標。

大家應該儘可能地努力汲取內心的佛性，使各種要素均衡地散發光芒，千萬不可掉以輕心。僅僅理解佛的某個面向，是微不足道的，佛具備了多重光面，一定要虛心學習。在修行的路上要力求整體均衡，這是靈魂永遠向上的捷徑，是「愛的原點」和「愛的覺悟」的起點。

佛，是彷佛寶石般閃耀著光芒的愛，真實地存在。

第二章 愛的問題

一、愛的定義

長久以來，人們一直在探討愛的問題，可是始終未能總歸出一個結論。地球上五十億人口之間產生的愛與憎，如何才能符合佛之愛的觀點，至今仍然沒有一個最終的結論。

因此，我們要法歸法、教育歸教育地，去學習愛。如何將愛運用在現實生活中的人際關係上，是我們永遠的課題。

首先，我想論述一下愛的意思。在「幸福科學」教義之中，對愛這部分特別用心。對愛的看法，是我當初進入悟境時的第一關。

我在《從平凡出發》一書中曾提到，在我開啟靈界溝通之路後，天上界給了我三句名言，那就是「愛、勉勵、寬恕」，後來這成為了我往後思想的核心。

當時我反覆於心中思索這三句話，並且思量應該要如何實際、發展。之後，經過不斷地思考，我思想中的「愛的發展階段論」於焉產生。進而，我深入了解到愛、勉勵、寬恕的意義與關係，以及內容上是否有所差異。並且，我窺見了寬恕之愛最深層的內涵，我稱之為「存在之愛」。這種超脫一般人類行為的愛，只有在此處才能看得到。

但是，關於愛的問題，還包含許多應用性的問題，若要找出所有的解答，得花上很長的一段時間。因此，我現階段的想法，可算是期中報告。

首先，我對愛提出以下的定義。每個人一開始都是從唯一的佛分化出來，在形成性格迥異的個體過程中，仍然保有對母體的記憶，當記憶喚醒之後，便會產生回歸的心情，就像大家回到同一個母親的懷抱一樣，這才是真正的愛。這種關於人類起源的回憶，確實深藏在每個人的心中。

為什麼人天生就有愛人的衝動，想要關愛他人呢？為何人先天就認為愛他人就是件好事呢？請各位一定要好好地思考這個問題。

當探究自己的內心時，那潛藏的遙遠記憶便會甦醒。愛是互相牽引、互相結合的一種力量，這股力量會回溯到久遠以前，令人不禁回想起那段熟悉的記憶。

我們來想想，真的只要教導人們愛，人們就真的懂得去愛了嗎？其實並非如此。縱使我們心中有一股強烈的共同感，必須揭開覆蓋許久的面紗後，才能真正感受到，愛人是一件多麼美好的事情。

如果，我們的心宛如荒瘠之地，不管挖掘幾十吋或幾十公尺，挖出來的永遠都是石頭和瓦礫，不管我們播下多少種子也不會結成果實。可是，如果我們播下的是愛的種子，果實會一點一滴地結實累累，我們的心田也就絕對不會變成荒蕪之地。

或許土壤表面會有一些碎石，甚至長出雜草，可是當我們展開挖掘，一定會發現愛的種子就在其中。我們抱著蟄伏等待的心情，接受愛的種子，使它成長茁壯的力量，一定會從我們心中甦醒。

假如，有人想驗證我所說：「世人皆是由同一個體分化出來」的言論是否屬實，請潛入自己內心最深層的地方。這時候你所感覺到的那股愛的力量，是一種被

壓迫、被教導應該這麼做的感覺呢？或是心底最深處原本就擁有的一種共鳴？從這裡就可以明白了。

所謂愛，就是自他一體的想法。自己和他人本就是一體，愛他人就等於是在愛自己，愛他人就等於是在愛佛。這才是愛的根本。

在如此情境下，愛就有無限發展的可能。就文字來說，各位應可理解其意，但能夠理解到多深，就存在著無限的可能性。然而，就如同我至今反覆所述的，首先認識到有這個事實的存在，即是施愛的出發點。

二、他人的存在

談到「愛的起源」時，提過世上男女為什麼結合，是因為其中包含了互助成長的心情。人，絕對無法獨自一人成長進步，想想漂流荒島的魯賓遜，便不難明白。

別人的存在，其實是一件非常可貴的事。或許，有時我們會覺得，因為世界上那麼多人，才會使得自己受傷、生氣、憤慨；因為活在這個人與人相對的世界，所以才會使自己氣憤難平。有些人甚至覺得，我就是我，是絕對地、獨一無二地存在，他人的存在不具任何意義，亦沒有任何附加價值。

事實上，他人的存在，卻是讓人感到擁有共同幸福的泉源。如果像魯賓遜一樣，一個人生活，絕對無法感受到真正的幸福。

別人的話、別人的眼光、別人的態度，讓我們在感受幸福上，有著很大的貢獻與影響。如果沒有別人的存在，我們便無法進步、向上，以及幸福。

倘若在某一段時間，別人的存在看似讓自己受到傷害，降低自己的價值，也要用寬大的心去接受現狀，並向前邁進。假使，無法以此態度面對，那麼距離真正的悟還很遙遠。

此話怎講呢？因為，那些被認為傷害了自己的他人，其實在靈魂深處都是與大家相通的，在久遠以前，他們與我們是本為一體的熟悉靈魂。我們要把他人的喜樂，視為自己的喜樂，有人或許覺得這只是一個理想論，其實我們把人看做別人，只不過是我們視覺上的錯覺。從佛的眼光來看，大家都是光之子，身上都有一道閃

閃發亮的光輪。或許，每個人的光輪風貌各異，光芒時強時弱，可是從佛的角度看來，全部都是光之子。

人往往拘泥於眼睛所看到的表象，看到別人的髮、眼、鼻、口、手、腳、身體，和自己大不相同，就覺得別人和自己毫無關係；每當覺得自己不開心、不順遂，好像這個世界就了無趣味了。可是從佛的角度看來，每個人的存在是毫無二致的，每個人頭上皆有閃耀著光輝的光輪。不管光輪耀眼與否，光就是喜樂的泉源。

三、愛，根源的力量

到底，愛的起源是什麼？為什麼男女之間想長相廝守，親子之間想親暱互動，即便是動物也會有疼愛自己孩子的意念？

我們總是被教導孩子愛父母、父母愛孩子是很好的事；丈夫愛妻子、妻子愛丈夫也是天經地義；還有，男女到了思春期，自然就會產生彼此喜歡的現象。

當思考這方面的問題時，我認為那是因為愛來自同一個起源。若要談愛的起源為何，結論就是人類生存所仰賴的一股力量。那股根本的力量，不就是愛嗎？所謂愛，就是使彼此進步、成長的力量。

人們往往認為世上只有人類偉大地存在，只有人跟人之間才會產生愛。但當我們環顧週遭時，對於日常生活中支撐我們存活的糧食、蔬果、魚肉，又應該用何種心情去看待它們的存在呢？我們每天生活在這些東西之中，難道不能感受到一點愛的力量嗎？

在感受愛的同時，一定要保持著所有感謝的心情。可是，大家可曾在食用糧食、蔬果、魚肉時，對於自己能夠吃這些東西而心懷感激呢？或者，曾經有多少次這麼想過呢？

不管人們是否感激，它們仍然默默奉獻自己，持續供給人類活動時所需的能量。當了解這個事實之後，真是不禁讓人感到羞愧，然而，它們依舊只是無怨無悔、不求回報地付出著。

有多少人會感激蔬菜？又有多少人會感激稻米跟麥子？還有對水、對動物、對

魚、對雞，我們到底懷過幾分謝意呢？然而，它們對於這樣的我們，可曾要求過回報啊？

即便如此，人類仍以萬物之靈而驕傲地自居，認為他人賦予自己的東西是理所當然，卻渾然不覺自己應該要有所付出。此時，真的讓我們不由得要好好深思、反省一番。

在了解那些成為人體營養的食物意涵後，接下來讓我們思考一下，為什麼蘋果會好吃？蕃茄會好吃？高麗菜會好吃？魚肉會好吃？又為什麼牛肉和豬肉可以食用呢？

如果只是提供人類能量，大可不必以美味為前題。僅僅是讓人類攝取營養，然後再轉化為活動能量的話，就算不好吃應該也無所謂。

可是，它們卻以美味的姿態出現，供我們享用，這又讓我覺得，是因為愛的緣故。如果蕃茄厭惡自己被不知感恩的人類食用，可能會以不適合食用的滋味出現。如果牛和豬一直抗拒永遠被人類食用的命運，牠們的肉質可能會變得苦澀，讓人難以下嘸。

但事實並非如此。當牠們生命面臨結束時，牠們只是承受這屬於自己的宿命。牠們以讓人類食用的命運出現於世，但牠們卻不單單懷抱著宿命而悲切地活著，反而還很樂意地為人類犧牲奉獻。我們一定要了解到這個事實。

愛，不是為了自己，而是為他人盡心盡力，動物和植物也是懷抱著這種心情。它們同時也等於一種愛的能量。

當我們思考這些事情時，一定要認真想想自己的境遇，回頭省思一番。萬物生靈——包含人類在內，為了培育人類，不斷地在創造適當的環境、奉獻自己的生命、提供充足的能源。

但人類呢？光是在意別人給予自己的評價，心情隨之高低起伏。或當心裡不滿足時，便自陷苦海，並將苦惱的情緒擴散到他人身上，這就是人類煩惱的模樣。

如此一來，難道不該痛定思痛地懺悔、悔悟、反省嗎？我們必須要真切了解，自己存在於這個世界的渺小，接受佛的赦免，回頭確確實實地反省自己。

當領悟到了懷抱己身的愛之能量，我們就可以了解到貫穿靈性世界的能量本質。那是從無盡頭的彼端、從宇宙的彼端，賦予人類永恆生命的力量。

大家讀過許多書，或許也看過關於佛法真理的書籍，一定知道人類生命為永恆的道理。我們生活在一個機器萬能的時代，並且還有許多機器正待發明，但在這些人類發明出來的機器中，卻從沒出現過所謂的不朽機械，未來似乎也沒有出現的可能。因為依機器本身的能量而言，沒有條件容許它永遠活動。

然而，我們每個人的生命，卻可以永不停止地活動，且能量永不消弱，我們就在這不增不減的世界裡，遵循著這個法則輪迴著。如果人類像機器一樣的話，那在永世輪迴的過程中，我們的生命力會逐漸消耗殆盡，就算最後能量耗盡而消逝，也不足為奇。然而，事實並非如此，我們的生命力不會消滅，因為我們被賦予永恆生存的力量。

我們一定要知道這股神祕力量的存在，這股孕育永恆生命的力量，就是佛的愛的力量。我們擁有著永恆的生命，不正是佛持續賜與了我們愛的最好證明嗎？

我認為，愛的起源存在於擁有永恆生命的人類和其他生物身上，為了維持所謂的永恆生命，必須接受永恆不絕的能量供應。因此，永恆的佛的存在更是絕對必要，我想這就是愛的起源吧！

然而，擁有不滅靈魂的人類，不可不知佛對我們是完全施予，而且對我們懷有無限的愛。如果佛對我們的愛是有條件的、有限度的，或者我們這世的生活方式是有違佛心的，那我們的生命應該會隨即消失吧！

可是，不管人們怎麼過日子，甚至毀謗佛，祂們依舊平等對待眾生，讓每個人都擁有不滅的生命。從這個事實可以看出什麼端倪呢？人無論善惡，佛所灑下的甘露，皆無等差的落在眾人身上。不管此人是惡、是善，不管與佛的意向是合、是背，皆被賦予永恆靈魂，這就是佛無限極致的愛。正因我們接受了如此源源不絕的愛，更要自覺身為人的使命。

四、愛的絆腳石

永恆的生命起源於愛，而且愛是不分彼此的，是一種互相孕育的力量。由此看來，愛的絆腳石可以說是一種意見相左的情況，也就是否定靈魂的永恆存在。這種阻隔你我的力量，就可稱為愛的絆腳石。

首先，我認為光是駁斥生命是永恆的想法，就是阻礙佛大愛的力量，是自私主義的源頭。若我們想著來這世上只走一遭，短短的數十年後便塵歸塵、土歸土，想法就會流於只看重自己，接著將自己跟他人清楚分隔，最後導致人與人之間互怨互嘆。

人往往因為自己的欲望而對人頤指氣使，不然就是因為別人不順自己的心、不合自己的意，就開始發牢騷。還有，為什麼人會說他人的壞話呢？到頭來還不是因為對方聽不到才敢說出來。

我認為在這世上的各種抱怨、杞人憂天，或是憤怒、忌妒等，種種可稱之為不道德的情緒，從愛的起源角度看來，全是逆道之行，這會導致人產生生命有限的根本想法。如果要喚醒愛，或是從愛的窒礙中跳脫出來，必須先了解生命永恆的道理。

有一點不可不知的就是，愛是一種讓彼此互相進步、互助的力量。所謂互助之心即是利他之心。扯人後腿、自掃門前雪的自私想法，絕非是利他之心。彼此互愛，才能創造美麗的世界。

舉個例子來說，一個女人如果擁有一件美麗的洋裝，卻只穿給自己看的話，能有多少樂趣呢？應該要有A和B兩個人互相稱讚對方的優點，才能增加喜悅和幸福的程度，感受像寶石般燦爛的喜悅。打從心底讚賞別人，臉上才會出現真心讚賞的微笑，接受誇獎的一方，也會掛著欣喜的笑容，這樣的喜悅才能長久、才能散播、才能達到加乘的效果。

既然有這種施愛，或邁向幸福的方法，我們應該好好學習並實踐它。在自己與他人之間劃一道界線，並自陷在無止盡的漩渦裡，對愛來說是一種牽絆。相對之下，時常保持讓他人快樂的心情是很重要的，如果始終秉持這種心態，同樣會得到他人帶來的快樂和幸福。

總而言之，忌妒、恐懼、猜疑、惡罵、抱怨、悲傷、痛苦等行為，都是人們將自己

封閉在象牙塔中，自怨自艾的結果。如此一來，這世界就滿是不懂互助互信之人了。

請每天在心裡默許：今天能夠為別人付出什麼？說些什麼積極正面的話語？報以怎樣的動人笑容？用何等溫柔的心去對待他人？如果世上充滿擁有這種想法的人，世界一定會成為烏托邦。創造如烏托邦的理想國，不需要艱澀難懂的理論，只需懷著一顆為他人祈福的心，並且懂得去實踐與付出。這是邁向烏托邦的基礎，我們千萬不能忘記。

五、善惡二元論

講到愛，就不能不談到善惡的問題，而且這也是一個永遠的話題。我們應當思考，談到愛的時候，如何看待善與惡？如果這兩者是絕對抗衡的話，愛與愛心之於惡，又該如何詮釋？

為什麼世上會有惡的存在？為何天使會墮落？墮落天使的出現，創造了地獄，創造了善惡二元的世界，這是符合佛心的嗎？還是不經意所創造的產物呢？

對此，我首先能說的是，天堂與地獄如此二分的世界，原本並不存在。並且我能說，事實上人們其實知道天國與地獄，這善惡二元世界之所以會出現的理由。

人生於世，總會有意見不合的時候，假設今天十個人在場，九個人的意見相同，惟獨一人持相反意見的話，那個人便會被孤立，這就是惡的發生原因。雖不知這個人的不同意見，是否真的是錯的，不過，可以確定的是，這個人的想法令人無法理解，他無法說服其他人相信他的見解，只能說是沒有說服力。

由此看來，善惡產生的原因，也許可歸因於有沒有說服他人的能力。如果可以完全理解他人的想法，應該就可諒解所有人了，因為理解與諒解具有連帶關係。由於無法理解對方，所以視對方為敵人，產生苛責之心。此外，不平、不滿的心態，也是出自同一個原因。

為什麼會出現彼此無法理解的現象呢？因為自己的見解無法使人信服，這也就是說，善惡產生的原因，是因為每個人的心並不像透明玻璃般，一眼就可以看穿。活在這個世上擁有肉體的人類，無法穿透身體讀到彼此的心。

如果人心都像透明玻璃一樣的話，就沒有善與惡的問題發生了。不能了解彼此的心情，或是無法說服他人理解，是產生此問題的最主要因素。

轉生至世間的我們，因為寄宿在血肉之軀，所以無法掌握對方的想法，因此，才會產生那麼多理解與認知的差距。當我們面對無法像透明玻璃般容易看透的人心，應該怎麼辦才好呢？

假設Ａ和Ｂ兩個人都無法解讀對方的心思時，下一步該怎麼辦呢？有一個可以比照第三者立場的方法。當然，第三者並非指真的有第三個人存在，而是指能反映出如佛之心的意思。

一個傳播佛的理論之人，一定也是理論的信奉者，並以此為信條生活著。當每個人擁有不同的價值觀與不同的想法時，是該出現一個共識，這共識應是佛之心所發揚的精神，即是佛法真理。當雙方的心無法溝通時，可著眼至佛法真理上，把它當成心的準則，如此一來便成為一個疏通你我意識的方法。

真理無界，過去有許多光明指導靈，屢次轉生降臨於世，傳播真理。

這就是佛法真理所闡述的理論依據。為了使眾人迴異的心歸於一，真理降臨世間，盼望人們以此為宗旨、為準則、為精神食糧。

人類是血肉之軀，無法透視他人內心而導致惡的產生，然而，我們不可再有偏差的觀念，認為這皆是佛創造人時所犯的錯。佛法真理既然存在，人們應當以此為標準、為依歸，如此一來，大家的心就如玻璃一般，彼此都清晰、明白。想法齊歸一心，這不正佛所冀望的嗎？

唯有己心和佛法真理一致，才能讓寄宿在肉體中、擁有千百種個性的眾生，依舊能按照個人的自由意識生活，並從佛法真理中學習到超脫善惡的方法。

了解佛法真理，便能超脫善與惡的牽絆，化解人與人之間的隔閡。因此，了解這個道理，並與人分享這個道理，都是十分重要的。佛法真理，顯然是一股打破自己與他人之間那道藩籬的力量。

我們要秉持著佛法真理，突破彼此心牆，共體一心。這世上的人，每個都像完全不同的個體一樣獨立思考、獨立生活，所以應該透過佛法真理為依歸，讓彼此的

心靈相連。這不正是信仰嗎？

了解佛法真理就是力量，這是一股克服、超越善惡的力量。這股偉大能量的存在，我們絕對不可不知道。

六、靈魂的光輝

之前，談及幾點關於愛的基本概念，最後，將話題放在何謂愛的原點。有一點必須事先強調，那就是愛的原點必定有一顆謙卑的心，愛裡是沒有傲慢的。真正有愛，不會總是覺得別人做得不夠好，或老是認為自己很厲害，而想著去指導別人。愛是一種無私、奉獻的精神，一種無償付出的精神，一種單純盡力的精神。

想法越純粹、動機越單純，愛就越顯得美好。

接著，來談談愛與美吧！愛原本就是追求美的一種境界，愛代表著靈魂所閃耀的光輝，所以靈魂美麗的光輝也是愛的原點。既然如此，我們的出發點就不可有偏差，應該常在心中思量，如何才能讓自己的靈魂閃耀最美的光輝呢？

打個比方，為什麼鑽石有如此璀璨奪目的光芒？那是因為切割方式完美的緣故。不然，即便一顆鑽石再怎麼亮眼，若切割得像芭樂的粗糙表皮，光芒旁邊也會帶著黑影，就談不上美了。一定要有均勻整齊的切割面，鑽石才能真正顯現它的美。

同理可證，我們的靈魂要散發出均勻的光，面向也是非常重要的。這光，代表著顯現佛屬性的靈魂，那麼什麼又是佛的屬性呢？

據我們所認知，佛就是代表愛、知、勇氣、光明、仁義、慈悲、溫柔、智慧，以及力量，佛的多面向，等於鑽石擁有的許多切割面一樣。因此，人也應該要面面俱到，並追求長久的進步，藉此讓靈魂向上擢升。

愛的原點，讓美麗的靈魂散發出耀眼光芒。為了創造出璀璨的美好靈魂，我們要懂得去發現、磨練，讓自己的靈魂增添更多佛的屬性。若要創造出那股協調、勻稱的美，良好的平衡性是非常重要的。

到底該如何做才好呢？我們必須學習七色光中所代表的教義，努力將這教義轉為力量、化為勇氣和精神食糧。

若想培養出擁有勻稱美的靈魂，千萬別猶豫於學習佛法真理，也千萬不要自我設限，一定要永久持續地努力下去。

一定要盡可能地學習，讓自己擁有許多跟佛一樣屬性的面貌，並在取得平衡後，好好地展現出來。佛不只有一種面貌，我們應該全面學習並立志做好協調，這是一條永遠追求進步之路，同時也是愛的原點，以及邁向愛的出發點。

愛，如同光明之神般存在，追根究柢，佛就像我們所講的「存在之愛」。愛，猶如一顆名為佛法真理的鑽石，如果我們的靈魂、我們的心，受到這股美好的力量牽引，應該就要不屈不饒地朝向那道光，為了追求美好的心靈而努力邁進。愛與知的融合，就在這條學習佛法真理的道路上。

幸福

第一章 幸福的原點

一、人生的起點

人，經常會感覺到一種難以名狀的不安感，或者某種壓抑感，這種感覺，嚴重的甚至會演變成為厭倦人生，或者逃避現實的起因。

當處於這個重要的關鍵階段時，我們有必要再度去確認，自己的人生起點究竟在哪裡？

「人生起點」指的是人生從「零」開始的那個出發點。我們從一個笑眯眯的嬰兒身上，絕對看不出這個孩子的出身，究竟是貧窮或是富貴。嬰兒的軀體雖然弱小，但其中卻孕育著勇敢開創其獨特精彩人生的大志向。同時，實在界中的高級靈，以及此人的守護靈、友人們也會時常對這幼小的生命，給予絕對的溫暖與慰藉。

多數人在成長過程中，得到了父母無私的寵愛。不管是誰，從他人身上得到的

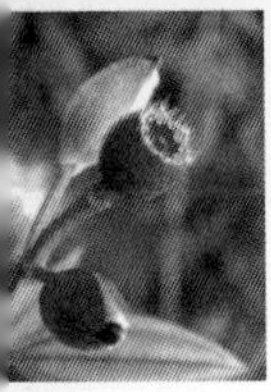

照料與援助，必定遠遠多過於自己對他人所做出的奉獻。

即便如此，但人還是很容易斤斤計較個人得失，也總是心懷不滿。其實，這樣做對自己絲毫無益，也會招致自己的挫折感，甚至出現精神頹廢等負面效應。因而使你在人生競賽的第一場賽程上，便早早敗下陣來。

人在成長的過程中，很容易逐漸忘記人生其實是從「零」出發。隨著對世間各種執著的逐漸加重，變得吝嗇、斤斤計較、憤世嫉俗，激進一點的人甚至會因為自己非出生自豪門世家，而忿忿不平、苦惱不已。

任何人都是從「零」出發，如果人們能夠時常回顧這個起點，就必定能夠發現自己其實已經擁有了許許多多的東西。無論是在衣食住行等物質方面，還是在學習或未來的希望等精神層面上，這所有的一切不都是來自於他人的給予嗎？

若自己原是從零出發，現在竟然獲得這麼多，如果我們在根本上無視於這些客觀的事實，而持續無休止的追求貪婪、攀比的話，無異於在自己的內心深處描畫一幅骯髒的自畫像。

進一步觀察，就更能發現自己苦惱的起因，多半來自於與他人攀比的貪瞋之心。放任貪瞋心的滋長，就會形成煩惱和痛苦。

換言之，做人，貴在「知足」。這個認知，來自於自己覺悟到人生原是從「零」出發，覺悟到自己是走在無法和他人比擬的人生之路。

二、價值的發現

人的心智當然不會總是幼稚的，也不會總是停留在與別人攀比的執著上。當進入社會，有機會結識各界人士、接觸到新的思想、累積各種社會經驗之後，必定會有與真理結緣的機會。這種與真理的相遇，是一種發現新大陸的心靈喜悅。

人的真正值價並非取決於擁有物質的多寡，也不是來自於世俗評價的估量。人的真正價值，是取決於人生中能夠發現的真理質量，是由真理發現的深度和光明度所決定。

我做為一個擁有特殊能力的人，能夠與靈界的靈人對話，每每讓我感到驚訝的

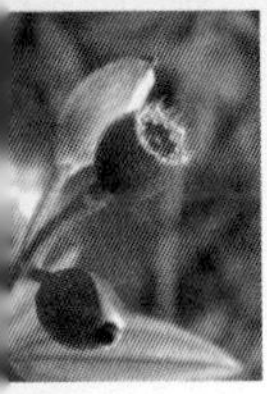

是，諸靈的心境竟是如此的不同。高級靈的悟境啟示能夠滋潤世人的心田，但有些靈人卻專門傳送怨恨、痛苦的念波。雖然人們共同生活在這個三次元世界中，但當靈魂回到了靈界之後，就會因人們的心境層次高低而分道揚鑣，走向各自的歸宿。

在「心」的世界中，此人最強烈的心念，即象徵了此人的本質。

當認識到這個真相之後，即能重新以嶄新的角度來看待人生。換言之，越是發現己心心中的佛性，就越能往更崇高的精神世界騰飛。

三、哥倫布與雞蛋

大家或許聽說過有關「哥倫布與雞蛋」的故事。雖然哥倫布發現了新大陸，但很意外的是，當時他的成就並沒有受到相對的重視，輿論普遍認為：「發現新大陸是任何人都可以做到的事，沒有什麼了不起的。」哥倫布為了給人們提示，便在一次眾人集會上高聲詢問在場的人們：「有誰能夠把這個雞蛋豎立起來？」於是便有許多人躍躍欲試，當場做了嘗試，但卻都失敗了。最後，哥倫布當眾做了示範。他把雞蛋的一端敲碎之後，輕易地就把雞蛋豎立起來。這個故事告訴人們，雖然有些事是任何人都能做得到的，但第一個嘗試成功的行動，卻最最難能可貴。

從這個故事的寓意中可以發現，它與人生的實相是何等雷同。古今偉大的宗教家們所做的無數次嘗試，都是為了要向人類證明：人生從零起步，出身和養育環境……等等，並不是圓滿人生的決定性因素，真正重要的是需累積心靈修行的經驗，若能如此，任何人都能夠超凡入聖。

在哥倫布示範之前，沒有一個人能察覺到有如此做法。那麼歷代的聖人們是做了什麼類似把雞蛋底部敲碎的事呢？

歷代的聖人發現了凡人所沒有發現到、極其簡單的真理，那即是：「人死後回到來世的時候，世間的地位、名譽、財產、物質等等一個都帶不走，能夠帶走的唯有心。若是只能帶走心，那麼人生的修行就是要將這心予以磨練完美。」

也許有些人會認為，類似這種道理誰都會說，但如果在論述這道理前，問問此人人生的修行意義為何時，恐怕此人是無法回答出如此簡潔的真理。正如「哥倫布

與雞蛋」的故事那樣，古今中外的偉人就是透過他們的一生，向世人證實了什麼才是真正存在的價值。

四、心的修行

哥倫布把雞蛋豎起來的故事，說明了一個真理。即真正存在的「心」，是貫穿世間和靈界的不滅生命。這個真理意味著，對「心」以外的事物做過度的追求，終究會徒勞無功。

偉人的不同凡響處，在於其能夠認知磨練心性的重要性，並付諸實踐。反過來說，即便是個很有名望的人，若是忽視了對心靈與心性的磨練，也只能算是一介凡夫。

歷屆美國總統共有幾十人，其中尤以林肯倍受人們尊敬。而人們尊敬的並非他是個總統，而是因為他是一個從不倦怠於「修心」的人。林肯終其一生始終貫徹「對人不抱惡意」的偉大品德，他的品行至今仍受當代美國人的敬愛。我們也可以觀察一下周遭的朋友，看一看是否有從不對他人抱持惡意的人？是否有人總是將這個觀點當作信念與座右銘來身體力行？

林肯是指揮美國南北戰爭、統一國家的英雄。在戰火頻仍的緊張時刻，有一次，林肯聽見自己的妻子和部下正在咒罵南方人，於是便對他們說道：「不要說南方人的壞話，如果自己站在對方的立場上，也一定會像南方人那樣做的。」

林肯始終把「棄惡取愛」、「既然自己不願受到別人的批評，那麼自己就不應該隨意批評別人」等等，「己所不欲，勿施於人」的想法當作座右銘來實踐。他的勤勉、精進為我們示範了一個修養心性的基本原理。

一八六五年四月十四日晚上，這位出身貧困、罕見的醜男兒——林肯，在福特劇場遭到了暗殺。雖然他的肉身已死，但他的心靈不滅，至今依然閃耀著舉世矚目的金色光輝。

當時林肯的忠實部下、陸軍長官斯湯東，站在林肯的遺體旁，低聲地說道：「這位躺在這裡的人，是一個能夠完全統馭自己心靈，無與倫比的偉人。」

控制、統馭自己的「心」，原本就是一種偉大的嘗試，這種嘗試是每個人都能

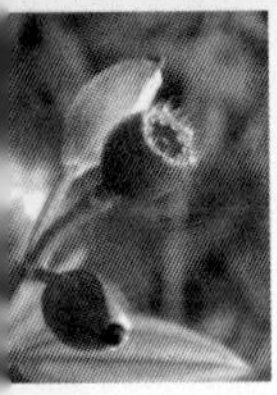

做得到的。當你能夠完全地統馭自己的心性時，也可以說你已經接近了佛的境界。一旦你明瞭心靈世界的奧秘、獲得了覺悟，那時烏托邦的境界便會顯現出來。

五、從施愛做起

人來自於「零的起點」，接受著數不盡的恩愛。無論自己處於怎樣的人生境界當中，只要持之以恆、盡力磨練心靈，便能夠走向成就偉大之路。自身的價值是由自己創造出來的，而不是被某種環境和體驗所決定。

換一個角度來看，世上有一種人，專門對有關靈魂等世間少見的事情，具有濃厚的興趣，若聽到別人說自己的前世曾經如何、如何偉大，便開始暈頭轉向了。即使此人的前世曾經是個偉人，也不會單憑這一點，就能決定此人在今生所有一切的成就。因為，不經努力，光榮的過去也就不能成為自己現在或是將來的「後光」，要深切理解，當今的價值取決於自己現在的所思、所為。

當你從人生的零的起點邁出步伐時，便從未間斷地接受著他人給予你的數之不盡的愛。面對這個事實，難道你還不夠滿足嗎？面對今天的處境，你還不能滿意嗎？看看現在、想想過去，應該心懷感激，用行動向社會做出實質的貢獻。如果你選擇了實踐報恩，那即表示你人生的真正價值尚在。人生的意義之一，即是要經受人生的考驗，所以，做人必須勇於接受各種磨練和挑戰。

先從向他人「施愛」開始吧！把「施愛」當作日常的努力目標，時常問自己：「自己究竟能向別人、向社會奉獻出多少的愛心呢？」

愛是恩惠的施予、是善的施捨、是勉勵他人積極生活的力量。向有緣同在世間的人們施予勇氣、力量和希望吧！

愛是佛的心願。佛心是養育萬物生長，和諧的意境和願念。

一旦樹立起奉獻愛心的志向，自己的心即能與佛之光同質。發自內心的愛心，即是作為佛子的慈悲心的萌生。

除此之外，我們還必須認知到，在「愛」之中，既有捨棄虛偽、利己等欲望的「施予」之愛，也有摻雜著「奪愛」的「執著」。若是從別人的手裡奪取，或是做了

蹂躪他人的心的行為，就不能說是在「施愛」了。例如：見錢眼開，只把別人當作是滿足自己欲望的工具時，就說明自己是在做「掠奪」的行為，是執著沉重的表現。

愛的真諦在於無私、無償和不求回報。束縛他人的做法並不是愛。愛是能夠使人自由成長和發展的力量。

「施愛」的本質如同陽光，它不停歇、無償地溫暖著大地。這就是慈悲，是慈悲心，是佛願的核心。

相反地，「奪愛」只能繁殖出「嫉妒」和「自滿」等惡果，終將與幸福無緣。

六、幸福的原點

總而言之，「幸福的原點」即是在實踐「施愛」的理念，即是在調整自己心的波長，以便能與佛的慈悲心相應、相通。

當你清淨己心，決心向他人和社會奉獻愛的時候，這個幸福的原點即能顯現出來。

倘若只是擅長給他人製造痛苦，就不會出現幸福的原點。

要像蠟燭之火焰那樣，要像燈塔的光明那樣，用自身發出的光輝讓四周充滿光明，驅逐黑暗。我們何不做一個像這樣的光明使者呢！

要像一把燃燒的火種，點燃他人而自身的火光不滅。我們實踐「施愛」，也一定能夠在人們的心中廣泛傳播，星星之火足以燎原，而這愛與幸福之光也必能驅散黑暗，讓光明照耀。

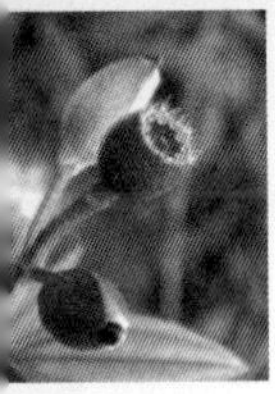

第二章　何謂施愛

一、零的起點

身為人，或多或少會懷抱著自身的難題、煩惱和夢想，「幸福科學」的會員們也同樣各持著眾多難解的人生習題，每個人總是戰戰兢兢地面對自身的課題。除了各自的課題外，人終其一生都在追尋生命課題以外的新發現、新認識和新覺醒。

「學法」就是為了獲得某種智慧所做的努力。生而為人怎能默默度日，唯唯諾諾地任隨七、八十年的歲月流逝，如果此生毫無意識地虛度，等同浪費了事隔數百年、數千年再度轉生的意義。

平均而言，大多數人在相隔三、四百年之後，才能夠獲得一次持肉體轉生的機會。絕大部分的人都是隔了幾百年才轉生於世間，其目的是為了要在新的時代環境中學習成長。既然如此，若沒有好好運用這短暫數十年的人生做徹底的學習，那就太可惜了。

轉生世間並非一件易事，還需具備相應的條件，某個靈魂的轉生，都必須符合與其修行呼應的時代和環境等某種特定的條件。

或許大家閱讀哲學、文學書籍時，曾經接觸一些存在主義的哲學思想，譬如：人生於世純屬偶然、人無法選擇自己的雙親、生命原本就充滿無數的惘然等等。但這種想法絕對是錯誤的，每個人的轉生，絕非出於偶然。

所有的靈魂在轉生之前，都已各自擬訂了人生的目的，若不徹底排除「無目的、無緣由的偶然之身」等消極人生觀，絕對無法樹立起新的積極人生觀。

人生是有目的的。人是為了完成一定的目的，背負某種使命來到人世間，這是無庸置疑的事實。我時常與靈界對話，不分晝夜地討論和談笑，靈界是百分之一百存在的。世間是被設定為讓靈魂進行修練的場所。

一旦認清這不可否定的事實，各位的人生觀必定會有一百八十度的轉變。

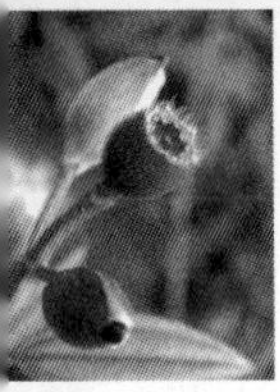

對自身環境的認知大致可以分為兩種：一是認為「出生是一種偶然，無法選擇雙親與誕生環境」，一是認為「人是為了靈魂修行而來，誕生環境是自己的選擇」，在這兩種極度相反的心境左右之下，人生意義必然產生莫大的差異。然而，在這個癥結上出現盲點與差錯者居多，人們實在不應該忘記，轉世來到人世間，是本身自由意志的抉擇。

不過，靈魂修行的環境，是在諸指導靈良言建議下，依循各自的自由意志抉擇，所以誕生環境並非天衣無縫的，儘管如此，這仍是一個適合自身靈魂修行的環境。

任何靈魂，無論在過去世累積過何等經驗，或是歷經何等的修行、或是待過高次元的靈界，轉生今世均要從零開始。這，就是人生的奧祕。

二、發現的喜悅

研讀到此，各位有如何感想呢？各位認為這樣的轉生結構是否公平呢？

對「幸福科學」來說，世俗的地位、學歷、年齡、性別等不能成為判斷價值的尺度。某人之所以受到尊敬，是因為此人悟境的高度，因為獲得高度覺悟的人，其意見必定能對多數人起到影響。如此方針並無不可思議之處，因為每個人轉生於世間後皆是從零開始，每個人皆被賦予了嚴格的修行課題。

無論是經歷了數百年地獄苦難、終於獲得初步覺悟後重返天堂、再次轉生世間的人；還是曾經救世的光明菩薩，即便是如來轉生的人，均要從零開始出發。因此，在嚴格的修行過程中，任何時刻都不能怠慢。

如此嚴謹的轉生結構，對所有靈魂的成長是極有助益的。

倘若重新轉世，仍保留過去曾是國王、偉大宗教家、著名學者等記憶，將成為今世修行的沉重負擔。

假使，過去世可以透過自我意識了解，或是出生後透過雙親得知，儘管是等同牛頓、阿基米德般的偉大科學家，對自己的人生又有何影響呢？人生勢必在這壓力之下，難以舒展。因為，單是想再創自己過去世的功績，已是非同小可的修行了；所以，從零出發、步入新的人生，是莫大的慈悲。

雖然，我現在身為「幸福科學」的總裁，在各位面前講述法話、著書，其實我在悟道之前，也經過了二十幾年的歲月流逝。這是幸，還是不幸呢？我認為這終歸是幸福的。從不知自身有何種使命，與人們一樣過著普通的生活，並在過程中感受靈魂之芽的萌發，即是莫大的幸福。

在人生中尋寶才有樂趣，藏寶之處如是既知，也就毫無趣味了。在人生的旅途中，不斷尋找、發掘各種寶藏，將帶來無比的喜悅。

三、反觀自己

各位要再一次地重新認識到，每次的人生皆是從零開始。重回零的起點、思考人生，這是日日不可忘記的觀點。

每個人在學生時代、夫妻生活或工作事業中，必定經歷各式各樣的問題，自己的努力或被承認，或得不到理解。然而，回首故往便不難發現：「每個人在哇哇墜地時，毫無二致！」

雖然每個嬰兒的體重各有差異，但什麼樣的嬰兒，長大成人後將有什麼樣的將來，是完全看不出來的。好比說眼前有七、八百位的嬰兒，每個嬰兒日後會走何種人生，這是絕對看不出來的。可是，他或她，日後都勢必走上各自精采的人生旅程。

關鍵在於，人在接受養育和成長過程中，思索了什麼？夢想了什麼？以及實行了什麼？

當靈魂降生人間的那一刻起，天上界的守護靈、指導靈以及諸高級靈既是滿懷操心，又寄予無限期望。

嬰兒時常莫名其妙地一展笑顏，這多是看到了諸菩薩的笑容而歡喜。人在一、二歲的時候，心尚純真、常能靈視，臉上常常呈現父母不能理解的表情。

但隨著成長，漸漸習慣人世的生活，慢慢忘記真實世界的存在，把人世間誤認為生活的一切，在父母的呵護、兄弟姐妹的友愛、老師的指引、朋友的關照下，直至長大成人。遺憾的是，人在懂事之前，並不懂得珍視這樣的恩惠，總是讓「與人攀比」的貪念抬頭。

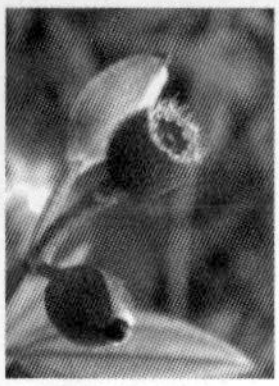

或許，小學時期便與同學互別苗頭，介意服裝、家境等差異無法釋懷，不滿足的內心總是忿忿不平。從年幼便開始忘掉人生的起點，心就會一直頹廢下去，誤認此世是永居之地。

如果現在心裡有著各種煩惱，不妨捫心自問，這苦惱是否萌生自「與人攀比」之上呢？

悲觀的人，總是抱持著強烈的不幸感覺，並將責任推諉給其他人或生長環境等。這種具有悲觀傾向的人，對自己所缺乏的會更加拘泥、執著，心中的指針愈加搖擺不停。因此，身為人，最重要的是，「將自己回歸零的起點，重新觀察」。

四、回歸原點思考

舉例來說，從表面上來看，一流的公司是很優異的工作環境，可是當真正進入了這樣的環境時，心中卻煩想著：同在一流公司裡，自己竟然受到差別待遇？當有人比自己強、得到比自己更優渥的待遇時，也會產生忿忿不滿之心。

如果這個人能客觀地分析，就能發現自己所處的位置，在整個社會上是何等優越。不能回歸原點進行思考的人，如同在苦惱上徒加辛酸，日復一日地苦上加苦。所以，與人攀比是苦惱的起因之一。

人在成年之後，比較之心會逐步出現兩個分歧：一是具有與他人競爭的「競爭原理」，一是「切磋琢磨」，每個人看重的面向不同，對往後人生亦帶來天差地遠的影響。

具體地說，如果凡事以上下利害關係的感覺，消極地判斷，人生中將充斥著數不清的痛苦；相反的，如果凡事以切磋琢磨的觀點，積極地觀察，將為人生帶來無窮盡的福音。

當過度與人計較，一見到有人在某方面優於自己時，內心就會產生波動，不得安適。這種見不得別人比自己優越的人，總是在腦海中來回計較、顧影自憐，其實，這一切都只因尚未發現真實的自己，自己的本質還未覺醒。

當認識到自己的本質之後，眼中的世界會變得益發美麗，在發現他人長處的同

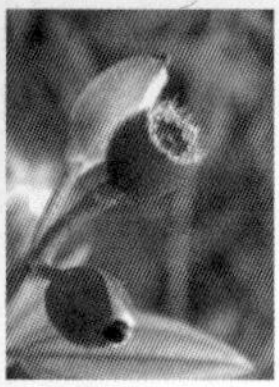

時，心中會感到無比喜悅，自己的靈魂彷彿在飛翔。

從觀察他人的優點方面來說，在眾多的「幸福科學」會員中，也許我是最擅長的，我比大家更能發現他人的長處，如果進行測驗考試的話，我大概會贏得第一。發現他人的長處，然後予以承認，這絕不會成為自己的不安。

其實，在「自身之外，盡可能地從他人身上尋找美，並以這個美為己之師」的思考方法中，蘊藏著無限的可能。倘若自負地認為：「自身之外毫無可學」、「沒有誰比自己更高明」的人，終將使自己的人生走向孤獨，逐步形成讓他人無法接近的性格。

發現他人的優點即虛心學習的人，才能感受到：「世間優秀者眾，可以為師者多，足以學習的教材廣泛。」若秉持著這種觀點進行觀察，看到他人處於優越的環境時，由衷感到欽佩，真心地認為：「與如此幸福的人同在，是幸運的」。一旦形成了這種誠懇的心，代表自己正從平凡朝向非凡的境界跨越。大家應該時常在此觀點上，再三深思。

假使看到他人比自己優越時，只會感到悽慘，表示自己尚未與「覺悟」有緣。其實，有許多超過自己的人，意味著為師者多，自己的學習目標多、希望多。若能做到如此觀察事物，便是卓越的人了，單憑此點即非同凡響，這是朝著非凡的世界，跨越出了一步。

經常從「零的起點」思考，回歸原點觀察自己，便能夠發現自己雖然是從零出發，卻也得到不少人的恩惠，走到了今天。當內心領悟這個道理之後，才能說有了真正的進步。

總是認為遭到他人惡言中傷，從來得不到溫柔的人，其實是自己視而不見；始終覺得從未獲得他人的好意和關愛，其實是自己的內心視野扭曲了。在正確的觀察方法下，這樣的事情絕對不會發生，無論是直接還是間接，接受著眾人的恩澤是事實。自己能夠有今天，不就是接受著博大恩寵的證明嗎？

人生是從零的起點出發，在數十年間得到眾人的指導和好意，才會成就今天的自己。明白了這個事實後，便可以歸結到「知足」的論斷。

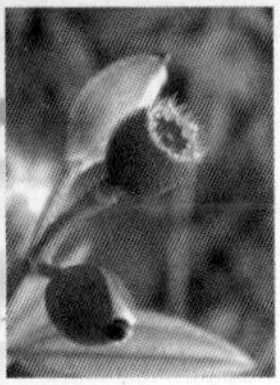

這個「知足」的意思，絕非「心甘情願地滿足現狀、不求上進、沒有任何發展也無妨」的意思，而是要「心懷感激，尋找偉大的價值發現，藉著深度認識和回歸原點思考，看見嶄新的世界」，在自認為未曾接受光明之地，發現真理之光。從真實的意義上來講，若非回歸原點思考，絕不會發現自己的人生意義所在。

五、從黯淡中發現光明

從人生零的起點出發，即能進一步走向新的「價值發現」。

不應單純地在學校與同學比較，或是走入社會後，只考慮自己與他人的利害關係，應該將目光轉向自己的內心。當然，在這方面快慢的程度因人而異，但是身為人勢必會在某時某刻，直視自身的本質，或著說直視自身的「業」、自身本質性的問題。這時刻也許出現在二、三十歲，或五、六十歲，任何人都得直視今世的自身課題，毫無例外。

這個人生課題，或許是疾病，或許是事業上的失敗和挫折，或許是與自己的親身骨肉死別，又或許是離婚等等，但這些必定都是修行的課題，不可避免。在這樣的時刻，真實的自己便會赤裸裸地顯露出來。

以自私自利的空想，把自己封閉於無菌狀態的「安全地帶」中，或許可以讓環境和時代不變遷，但日後終究會透過他人的手或自己的手，或是通過某種形式，將自己拉離這保護區，進而不得不正視自己，甚至產生嫌棄之感。畢竟，人生中不僅有成功和歡喜，還包含著悲傷和痛苦。

其實，在痛苦中，寓意著人生中有礙石；在悲傷中，隱藏著向他人施愛的萌芽。請務必認清，世間的事物、事態，雖然形形色色，其中卻巧妙地顯現佛的慈悲。

心胸寬闊的人，在充滿喜悅的人生中，追求更高超的悟境，得到成長和發展。儘管是對此不能覺醒的人，或是不遇到根本問題不能覺悟的人，這本質性的問題終究會擺在面前，出現一個讓自己與真理結識的機會。

我曾講述過：「與真理的相遇，是一種發現新大陸的心靈喜悅。人的真正價值並非取決於擁有物質的多寡，也不是來自於世俗評價的估量。人的真正價值，是取

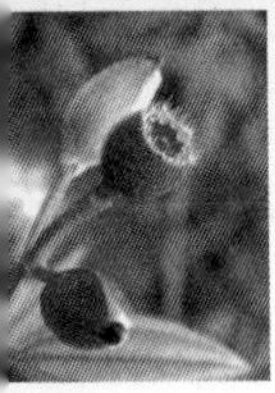

決於每個人於人生中能夠發現的真理質量所決定，是由真理發現的深度和光明度所決定。」總而言之，在人生中無數的轉折點上，能夠發現什麼本質性的真理，到達何種深奧的境地，感受到怎樣的光芒，才是關鍵所在。

至於，自己曾經處過何種環境、受過何種經歷，並不重要。重要的是，自己在那種處境下，放射了多少光芒。

或許，有人自認為身處不幸，或者背負著肉體的障礙，但我要問這些人：「你在這種條件之下，是否能綻放光明？」

螢火蟲發出的光芒在白晝難以顯現，可是隨著日落便會漸漸散發光亮，在夜幕降臨時就會閃耀燁燁光芒。人生之中，當然會有陰暗的時刻，但這陰暗越深沈，光明就越顯明亮。若你自感人生黯淡無光，就更應該設法點燃新的人生燈火，點燃希望的燈火，追求覺悟的光明。

對此若能做到，你就會真正感受到光明的強度，除了自己能確認到這光芒外，他人亦會有所發現。並且我相信，在你回顧過往時，還能泰然自若地說：「自己已經盡了自己應做的努力」。

六、心即是實在

我做為一個擁有靈性能力的人，能經常與各種各樣的靈對話。不僅僅是在天上界的靈，亦有些是非屬天上界的靈。

讓人感慨萬千的是，有些靈活於人世時，曾是西裝革履、出入名門公司的大人物，或是氣派、優雅的貴婦人，可是，當回到了靈界，卻過著格外慘澹的生活。這屢屢發生的事實，使我深感遺憾：「為何在世間如此榮耀的人，反會走向地獄呢？」我必須要將這事實，盡可能告訴尚活於世間的人，並傳達真正的世界觀。

為什麼，在人世間可以與人進行正常的交流、對話的人，一回到靈界，卻成了只會說怨憎痛苦之言的靈魂呢？如果未來是這樣的話，將是無比悲慘的。倘若對這現象不聞不問，在「無知」之下度過幾十年，最後終將走向悲慘的結果。這悲慘的結果，無異是幾十年人生的總決算，似乎是對人們虛擲此生的「裁決」。這樣玩日

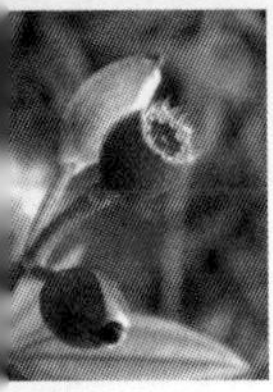

愒歲的人生，是絕不能接受的。

實際上，「裁決」並不存在，悲慘的結果純粹是自我心態的投射，因為靈界是一個心的世界。

在人世間，隱藏人心深處的心態，未必能夠如實地呈現出來，是要通過行為表現來表達的，有時也會因他人的存在而不能實現。

但是，離開了人世間的世界，便進入實在的世界，心中所想的一切即是真實。所以，在世間即使一派紳士、淑女，若心中充滿痛苦與悲哀等污垢的話，回歸到靈界便顯露真相、醜態畢現，落入慘澹的意念世界。

因此，死後的世界有兩個極端。在人世間，人的心境似乎沒有太大的差異，但在靈界卻有極為明確地區分，猶如攪拌的泥水沉澱之後，上層是澄清的水，下層是沉澱的淤泥。通過今生，心態的質和量，將在靈界清楚地顯現。所以，心態的重要性，無庸置疑。

在心的真實世界中，人最強的意念、思想，來自靈魂的本質，即靈魂所處的世界。如果人們想知道自己究竟是怎樣的人？心態究竟達到何種境界？只要深自反省一日的所思所想，自然可以明白。對一天中的思考做出的總結，即是離開此世後，自己的處境和自身的形態。

坦然面對真實之後，自己的人生觀必然趨向一百八十度的大轉變，因為：「越是能夠深入發現自己潛在的佛性，就越能夠朝向崇高的精神境界飛騰」。

七、新觀點的發現

大家應該聽過哥倫布發現新大陸的故事。那個時代的人不相信地球是圓球形，儘管大膽提出「從東方啟航可以到達印度，從西方啟航應該同樣可以到達印度」的假設，也鮮少有人願意相信，更遑論得到人們的支持。但是，哥倫布勇敢地實踐了。雖然，哥倫布發現的是西印度群島，然而，他的實踐開創了發現新大陸之道。

在發現新大陸的慶功宴上，哥倫布廣受各界人士的欽佩，可是卻有人心懷叵測地說：「任何乘船航行的人，都可以發現新大陸，這根本稱不上是偉大罕見之舉。」

哥倫布聽完這席話，便對與會人士發問：「有誰能夠豎起眼前的雞蛋？」可是，沒有人能夠辦到，任誰再怎麼嘗試也無法豎起雞蛋。

「那麼，我來試試吧！」哥倫布悠然地拿起雞蛋說，他出其不意地敲碎了蛋殼的尾端，輕而易舉地把雞蛋豎立起來。

看到這一情景之後，可能眾人都會想：「不過如此而已，我也能辦到！」但當初又有誰真的做了呢？

從哥倫布的故事，可以得到一個啟示，或許知悉結果之後認為很簡單的事情，但最初發現其價值並付出行動的人是多麼不容易的。

在身為人的問題上，也具有同樣的癥結，結論上看似理所當然的事情，事實上人們卻又做不到。或許，對靈界的發現就是其中一例。

靈界是真實存在的世界，這是個簡單的結論。人存在於輪迴轉生的法則當中。能否承認這個事實，左右了此人的人生。

在現代的教育之中，「靈界不可信」、「沒有輪迴轉生」等意見是主流，浮沉在這主流中的人會說：「雞蛋是立不起來的」。

如果是各位，你會如何將雞蛋豎起呢？請各位把這問題當成自身的問題來思考，你會如何豎起那雞蛋呢？

如果自己是哥倫布，那你能有何種新發現呢？在現在的環境下，在學校、職場、家庭等自身的生活環境中，請以哥倫布發現新大陸的態度去勇於發現。

各位在日常生活中，必定能有新的發現和新的行動原理。雖然自己是依循常規、隨波逐流，可是若從嶄新的觀點、創新的視角再做觀察，或許會出現新的人生。雖然新發現有深、有淺，然而，任何人都具有發現「新大陸」的可能性。

對於公司經營也是如此，當社會出現「現在景氣不好」等議論時，人們普遍會認為：「經濟不景氣，所以現在絕對賺不到錢。」這即與「雞蛋立不起來」的觀點相同，為何不從「景氣不好，但亦有賺錢的產業」的觀點著眼呢？凡事都是一體兩面，從新的觀點仔細分析，必定會得到意外的啟發。

對於個人工作也是相同，經過五年、十年後，逐漸習慣於某一種職業，日復一

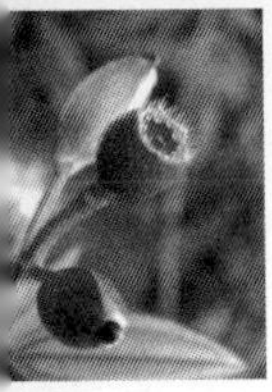

日地做例行公事。剛剛進入公司時，對於工作還算積極、敏銳，可是習慣之後就會認為：「工作就是如此，按時上下班就行了」。若每天這樣得過且過，終究會變成下班後即去飲酒尋樂的人。

即使是十年、二十年經歷的公司老前輩，如果時常以新職員的眼光看待自己的工作，必定能產生許多有建設性的疑問和意見。換個角度觀察、考慮，一定會產生新的啟發。

每個人在工作中都會遇到各式各樣的經驗，例如：公司有公司的硬性規章和習慣，假若對此表達過多意見則會招來訓斥，前輩還會譴責你過於幼稚。然而，這些不愉快的經驗，將逐步封閉自己不再求表現，即使有了新發現也不說出口，最後自己也變成一個傾向保守的人。

長久以往，原本可以為公司帶來革新的人，卻因希望的萌芽受到壓抑、或者自我放逐默默度日，每個月等待著發薪日的到來，無所作為。

無論是處於任何環境的人，即使是經商的人也不例外，若能以哥倫布發現新大陸的觀點每天思考，必能得到新的發現。

為什麼要循規守舊呢？為何不自我創新、勇於發掘新的行動原理呢？在前人未觸及的事情之上，是否有創新的餘地呢？時常集中精神對此思考，必會獲得出乎意料之外的新發現。

八、探究正心

「幸福科學」時常舉行各種研習、講座、考試等等，這些都是讓各位提高學習熱情、積極向上的好機會，其中也體現了哥倫布的精神。

在宗教團體中，極少舉行考試的。但為何幸福科學會實施考試呢？這就和哥倫布與雞蛋的故事一樣，予以嘗試是需要勇氣的。

當初推動時曾有不少人反對，有人說：「宗教團體是治癒創傷之地，如果還要測驗、評分不是太可憐了嗎？」這說法與「雞蛋是立不起來」完全雷同。

然而，實施之後其他宗教團體也開始模仿。事情就是這樣，雖然首創需要勇氣、

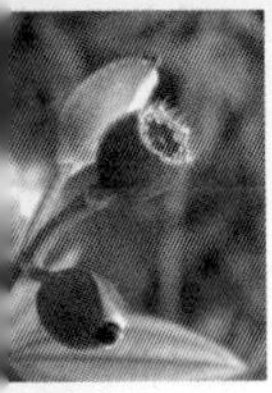

難以舉步，可是十年之後就變成了家常便飯，成為一種廣泛的制度。任何人在生活和工作中，都能有如此嶄新的發現，「幸福科學」日後仍將繼續發揚創新精神。

其實，歷史上的偉人、天才，都是「哥倫布發現新大陸」的絕佳例證，因為他們都具有開拓精神。在幾萬、幾十萬、幾百萬的人之中，這些天才、偉人的不同之處，究竟在哪裡呢？那就是在相同的環境、條件之下，卻能產生異於常人的視角與觀點。

偉人並不是在完美的新環境、條件之下，被授予了「神祕的招數」才得到成功的，而是在人人共有的環境下，使用平凡的材料創造出非凡的結果。

從宏觀的角度來說，「嬰兒呱呱墜地之後，便從零的出發點起步，出身、養育、環境等並非決定性的因素，只要修行、磨練心境持之以恆，就可能成為聖人。」歷史上的偉人即是實證。

回顧偉人們的生涯，不難發現，曾處於優越環境的人很少，幾乎必有跨越逆境的經過，從而建立起偉大的名聲。

這關鍵何在？其實，一切都歸結於「心的修行」之上。

這也沒有什麼不可思議之處，因為人在離開世間時，能帶走的唯有「心」。也許人們還誤以為肉體即是自己，其實到了靈界之後，儘管沒有手足、大腦等物質的存在，仍舊可以進行思維，靈界的靈人們也是如此，雖無肉體卻具知性。大腦僅是一種機械，唯一能帶回靈界的，只有自己的心。

為了這一顆純粹的心，就要進行修練。這與豎起雞蛋一樣，道理非常簡單。當察覺到能帶回來世的唯有自己的心，那麼現在看待幸福的觀點，就會有所轉變。

有人認為自己的幸福來自於收入增加，或者是來自於買到物美價廉的東西，但是這些物質性的東西，終究不能帶回靈界，從物質中享受幸福是無比短暫的。

能帶回來世的唯有「心」，生於世的幾十年中，徹底地磨練己心才有真實的意義。這道理看似簡單，卻很難真正做到。很多人沒發現這簡單的道理，甚至從沒思索過何謂心。

「幸福科學」提倡「探究正心」，說起來是理所當然的事，但是這理所當然的

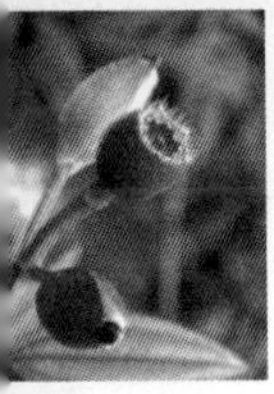

探究正心卻難以做到。不妨想想，在公司、家庭、朋友之間，有沒有每日思考如何「探究正心」的人呢？恐怕沒有吧！

然而，「每日探究正心」，確實是戰勝人生的黃金之道。一個是每天探究正心的人，一個是不知何為正心的人，幾十年後，這兩者之間的差距將會變得相當巨大。世上的人多是離開世間之後，才驚惶失措地決算在世上的幾十年人生。然而，每日探究正心，就是每日決算自己的人生，即使隨時離開人世間，也能完整結算一生，回到靈界後的學習進度將是非常順利。

九、人生的分水嶺

在先前「心的修行」一節中，我舉了林肯的例子，大家應該都概略知道了林肯的人生事業。

迄今為止，歷任美國總統有幾十位，為什麼林肯受到世界各地的人如此敬愛呢？我認為這並非導因於他的功績。

在歷史上，有不少創建了類似林肯的功績的人。領導了戰爭、取得了勝利、統一了國家，單從事業上來看，世界各國都有這樣的軍政英雄。林肯之所以非凡，正是出自於他「對人不抱惡意」。

我在美國進修時曾讀過林肯的自傳，書名是《*With malice toward none*》（對人不抱惡意）。其實，從書名就可以知道這是林肯的書，因為在美國歷史上，除了林肯之外，沒有人把這句話當作座右銘。

以「對任何人不抱惡意」為信條，努力生活、實踐是難能可貴的，具有無比珍貴的價值。這既簡單又理所當然的事，卻是難以做到，然而，林肯履行實踐了。

也許有人認為，林肯原本就是對任何人不抱惡意的穩重之人，其實不然。在自傳中，林肯記述自己年輕時是個爭強好鬥的人，總是給人最辛辣的批評，在擔任律師時也多是不留情面地攻詰他人。

有一次，由於對人過於苛刻迫使對方宣布與他決鬥。這個決鬥在荒原上展開，兩方各持手槍背對背地走向兩端，在這千鈞一髮之際，中間人出面調停，林肯才保

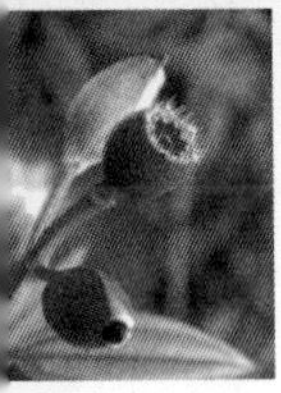

全了生命。或許處於緊迫關頭下的林肯，也嚇出了一身冷汗，不管如何，這件事讓他明白了，待人過於尖酸刻薄的後果。

從此，林肯的人生有了轉變，他下定決心：「批評他人很容易，對任何人不抱惡意，則是極為困難的事情，自己在選擇人生時，應該選擇這困難的道路。」

挑人毛病、向人發洩怒氣很容易，但抱以寬闊的心胸昇華、時時溫柔體貼就非常困難，這終歸是偉大與平庸的分歧點。

在決鬥之前的林肯，是一位出身貧困、刻苦學習的律師，或者可以說是個政治家，然而，這著名的決鬥事件使林肯大大轉變，他決心不再對人抱有惡意，並徹底地實踐，所以留下了：「棄惡取愛」、「若不願受裁就不要裁人」的座右銘。

在南北戰爭中，林肯聽到週遭的人批評南方人時，一定會說：「如果換個位置，說不定你也與南方的人一樣，批評的話要適可而止。」這是出自指揮南北統一戰爭的統帥口中之言，這也是林肯非凡之處。

世間的事情，可以用世間的方法解決，但若能真正區分世間的正邪，或許就能輕易認清不正確的一面。然而，林肯知道在此之上，還有包容這一切的力量存在，包容了善與惡的更高境界。

任何人都毫無例外，即使是個從不惹事生非的人，也多少會在工作上出錯。也許，不得不指責出錯的人，但這不單是簡單地發洩怒氣而已，是必須在理解對方立場、瞭解人性本善之情況下，在工作上提出恰當的指正。這兩種方法看似乎相同，但內涵卻有極大的差異，每個人都應該注意到其中差異，因為這是人生的分水嶺。

十、無償的愛

人生從零的起點出發後，得到眾人的恩與愛，但對此卻常常忘記。所以，不論處於何種環境，都應該盡力磨練己心，持之以恆就能夠成為偉大之人，這就是人生成功的祕訣。

「人的價值觀，決定了今後做出怎樣的抉擇，以及抱負著什麼願望」當然，許多過往時光已消逝，但是今後如何抉擇？思考什麼？採取什麼行動？或者有什麼新

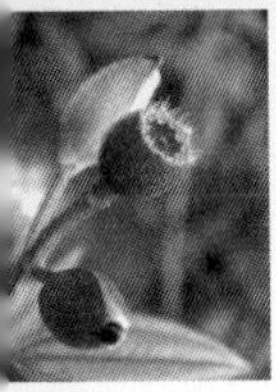

的發現？這些都是至關重大的，若忽視了這一點，只是空有今日則毫無價值。

人生從零的起點出發，接受著眾人的恩惠，是忿忿不滿於這賜予的環境，還是懷著感謝之心回報社會，這兩者間的選擇，即是人生中的「考驗」。這個具有人生意義的考驗，時時擺在我們的面前。

這是抉擇，到底要感謝報恩，還是要心懷不滿地生活，或許對於現在的生活與環境，不會產生太大差異，但是在心態和心境上，終究會產生巨大的影響。實際上，在相同的環境中保持何種心態，是人心中決定幸與不幸的關鍵。

因此，考慮「幸福的原點」在何處時，就不能否定：對外部環境和對他人應有的態度，是由自身的心態、對人事物的設定和探討方法所決定。

我在《光明生活的方法》一書中曾寫到：「自由地改變他人的感情和心，是很難做到的，雖然可以對他人施加某種影響，卻不能改變他人的自由意志。」這個自由意志，是如此的堅固和受到保護。

不過，根據這相同的理論，我們自己亦能夠百分之百地的改變自己的想法。如果說只能有百分之五十的改變，表示我們無法負擔自己人生的全部責任，但事實上，自身的心態是能夠百分之百地自由掌控。這是偉大的福音，每個人手中都被賜予這樣的方向盤，可以任意自由地掌握方向，如何行使這被賜予的自由，即產生了所有的的責任。

首先，我提議從施愛做起，因為無論自己有無發現，自己都是不間斷地接受著他人給予的恩惠。因此，必須要有所回報，每個人都要學習「報恩」。

愛即是恩惠，愛即是善的恩惠，愛即是對他人勉勵的力量，愛即是在人生路上給予有緣相會的人勇氣、力量和希望。

在「幸福科學」的教義中，愛的思想方法是核心之一，希望大家能夠理解「愛即是佛心」。迄今，大多數人是從「奪愛」或「獲取愛」的觀點，認識「愛」的。

在這方面，女性尤為明顯。請想一想，自己是不是用「獲取」或求得施捨的觀點，理解「愛」的呢？只要不改變這個觀點，在真實的意義上，就無法擁有安然自得的心態。請再三深思。

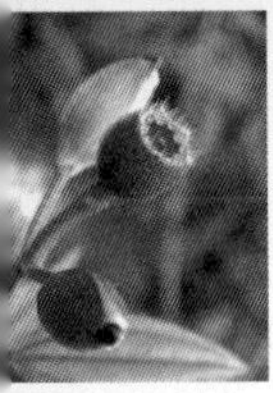

只要仔細回想便不難發現，自己想從他人那裡得到的東西無以數計，但自己施予他人的究竟又有多少呢？

如果把「得到了多少愛」與「施予了多少愛」，做成一張借貸對照表互做比較，就可以清楚明白，自己得到的是何等之多，而施予他人的是如此之少。對於這個事實，必須要時時刻刻做反省。

大多數的人只要寫一張愛的借貸對照表，便不難發現，自己施予他人的是多麼微不足道，甚至不曾真正的施愛。我想，多數的人會同意這樣的說法。

有一點必須注意的是，如果「施愛」只是為了束縛他人的心，就不能說是「施愛」，這個觀點切不可忘記。

父母對子女的愛，常會有此現象，有的父母認為：「對孩子如此關愛、苦心養育，卻得不到孝敬」、「長大後不照顧自己的父母，簡直是大逆不道」、「為了孩子，在生活上和教育上費盡心思，可是孩子長大之後，卻不把自己放在眼裡。」內心感到憤慨不已，而這不滿經常成為問題。不妨認真想一想，這究竟是不是真正的

「施愛」？

在謀求回報的同時，愛即死了。把對方視為手中之物，猶如寵愛籠中的珍禽一般的話，即不是施愛。在這個關鍵上常會出現誤解，其實，要求回報就是在做利益交換，與進行買賣相同，千萬不可以此觀點認識「愛」。

真正的愛不求回報，是一片赤誠地施予，但其中若無伴隨歡喜之感，也稱不上是真實的愛。

即使是從「施愛」的觀點出發，多數的人還是想去束縛人，這是現代人的特徵之一。其實，這種「束縛」並不是愛對方，而是把他人當作俘虜，想要對方聽令行事，這多屬於自私欲，千萬要引以為戒，特別當心。

自己是否把孩子當作俘虜呢？是否把妻子或丈夫當作俘虜呢？是否束縛著自己的戀人呢？自認為愛護部下，但實際上是不是任意擺布他人呢？對此應該要深深回顧反省。

相信對方的善良心性，使對方完全自由解放，才是愛的表現。不可忘記這個觀

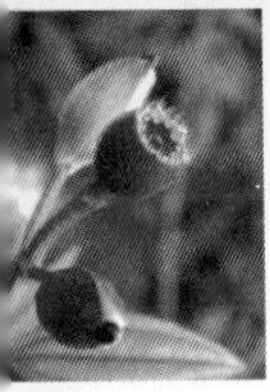

點，希望各位能夠重新省視自己對愛的看法。

透過這樣的思考，即能了解到「施愛」與「慈悲」同義，如同佛心、如同「無償的愛」。

十一、何處是幸福的原點

幸福的原點在於：「將己心以空為觀，將愛奉獻給他人、社會之上」。

這如同蠟燭之焰，只要點燃一根，便能燃成千萬。難道不是如此嗎？點燃這燭火，手持這火種，去點燃成千上萬的蠟燭！

施愛的根本正是如此。自己閃光之因，即可能形成一片光明之果，愛是隨著施予和奉獻的增加而增加，猶如愛的燭火一樣，有增無減。千萬不要忘記這個觀點，我們的生活要像最初的火炬，或是像燭火一樣燃燒。

這就是自身的幸福，同時也會成為他人的幸福，讓這個真理刻骨銘心，即是「幸福科學」教義的原點。

第三章　向人類幸福化邁進

一、新年所感

回顧過去「幸福科學」所經歷的路程，那真是一段令人激動的歲月。

每當將進入新的一年，我都會產生新年度的抱負，以及「幸福科學」的未來方針。

我曾不斷地強調「打好基礎」的重要性，還提過「從地基到樑柱」、「由內而外」、「不可逾越這原則」這類的話，在過去演講中也曾說過「現在，在人數上做限制，是為了要打好地基、基礎」。

從一九八七年開始，我連續三年徹底貫徹這個方針，為「幸福科學」打好基礎，並將它視為是「幸福科學」儲備力量的時間。在這儲備力量的時期，我的第一步是「確立法的基礎」。

過去，「幸福科學」出版了許多的書籍，這麼多的書籍問世的理由，不外乎就是想要盡快地鞏固根基、奠定法體系的基礎。如果不能盡快將教義的基礎打好的話，那麼我們積極推展的意義，將淡薄無存了。

在一開始的時候，一些靈言集的發行，是為了證明能和靈界溝通，因此接連不斷地出版。如果一年只出版一兩本的話，可能會流於讓人覺得是創作出來的，為了證明這真的是受了天界之靈的啟示而寫出來的內容，所以以一般暢銷作家都無法跟上的書寫速度，接二連三地發行書籍。

雖然是以這麼快的速度發行，卻都是貫穿人類從古至今、意義深遠的內容。對我本身來說，這是一件值得慶幸的事，對各位來說，這應該也是一個值得喜悅的事。

第二步是人材的養成。「幸福科學」一直舉辦可以讓人們學習的研修會、講座等等，希望能多養成一名指導者，多養成一名阿羅漢，這是成立當初幾年的重點課題之一。優秀的人材不管有多少，永遠都是不夠的，絕不會有指導者過剩的問題。

我希望，並不是只有我一個人傳揚真理，而是不斷地從會員當中培養重要的人物、指導者，以遠超過我五倍、十倍、二十倍、五十倍、一百倍的力量來傳播真理。如果他們的指導能力到達某一程度的話，即便不是我親自出馬，也能達到教育的效果。我想只要指導者的養成教育順利推展，今後一定可以透過各種的方式，讓大家學習到真理。

除此之外，「幸福科學」接連不斷地出版書籍、月刊、影音資料等等，希望各位務必好好地利用。

第三點是利用講演等機會，盡可能地直接呼籲、教育。我希望多多創造眾人能夠直接聆聽我講述真理的機會。

我的第一步是確立法的基礎，第二步是指導者的養成，第三步就是傳佈真理。總括上述三點的話，第四點強化組織、充實組織的建立，也變得非常的重要，因此我盡可能地創造效率性高、機動性強的組織。

即便培育出富有能力的指導者，如果其力量是分散的話，將無法顯現成效，所以我必須多付諸非常多的心力於建構各地組織。

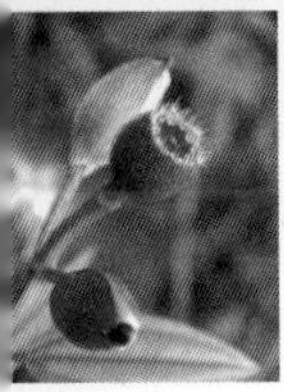

二、發現偉大的愛

「發現偉大的愛」是一門重要的課題。

從古至今，「愛」被各種方式論述著，許多人也不多做判斷，以囫圇吞棗的方式全盤接收，認為「愛」就是很美好的。我希望，每個人都徹底地了解、認識「愛」，不僅認識人類之間的愛，更要深入了解佛愛、充滿聖光的聖愛。

實際上，「愛」以各種型態呈現於世，雖然並非肉眼能見，卻像佛神的血液一般，奔馳在全世界的人們心中。

發現偉大的愛，是何等的重要。這偉大的愛，讓我們活在這個時代之中、活在永遠的轉生輪迴之中。每個人一定要細心領會，這箇中的偉大。

我們所立之處、所處之時代，必定具有各式各樣的人，這意味著我們正享受著存於同一時代的大愛，因此感受到這愛的能力是很重要的。如果可以發現我們都活於偉大的愛、佛愛當中，這發現本身就是新的行動原理，就是感謝的出發點，從感謝進而報恩、進而回應佛愛。假如你發現到了、察覺到了偉大的愛，必定要將這愛化為行動，在人世間表現出來。

因此，不僅要在人們的心中發掘愛，在自己的心中發現愛，還要在偉大的佛光中發現愛的存在。在這地球的磁場中，在這世界的土地上，能夠生於這述說真理的時代，這就是所謂「發現偉大的愛」，務必以此為起點、基準，創造未來的新行動原理。

三、光的旅途

在某位靈人的靈言集中，曾提及關於「光的行軍」：「每一個人都散發著各自的光芒，作為光的使者、光的天使，每日不斷地精進向前，如此累積每一年的歲月，這就是所謂光的行軍，充滿勇氣的光的行軍」每個人都應該朝向光的行軍、光的旅途往前邁進。

我們在光的旅途中，心中應有何準備？有何期許呢？

每個人心中務必了解這並不單只是自己的旅途，旅途的目的地是佛所居住的大

殿堂，殿堂之前是條偉大神聖的大道，每個人都要齊心奮力地直向大道前進。

然而，我們有時會心生一些小小的欲念、自我實現、希望、期待，還經常被這些念頭左右得心神不寧，「想要這樣、又想要那樣」。

自我實現之中，有時深具著偉大的意涵，亦有時也僅是一些利己的念頭。換句話說，「只要自己成功就好」的自我實現，僅僅是利己之念罷了，千萬不可踏上這種只為利己的光的旅途，應該要在光的旅途上成就偉大的自我。

何謂在光的旅途上成就偉大的自我呢？那就是我一再強調的，讓自己成為佛的左右手，或者是說，讓自己胸懷奉獻佛神之心。

幸福科學的幹部、講師，或者是在支部、據點的每一位，請不要認為自己是很偉大的，而是要每日謙虛地認為：「自己只是佛的左右手」。

在「幸福科學」中聚集了許多光明天使，但即便覺悟到自己是光明天使，也不要驕傲、傲慢，越是自覺到自己是光的天使，越要謙虛以對，因為越是偉大的人，越要付出更多、愈要為佛付出。

請大家務必要了解，計較自己是否比別人偉大，或是別人是否比自己偉大，這都無法對佛產生貢獻，特別是即將成為指導者的人，更要自我警惕。

總而言之，心中不能持有自己很偉大的念頭，隨時要懷有做義工的心情，時時刻刻在心中惦記著：這是為了走向佛光的旅途而奉獻。

四、前進再前進

將成就佛心，當成自己的使命，以此偉大之心朝著大道前進，是我們重要的方針。在這一點上，不可有迷惑，不能有猶豫。

前進，再前進，只要沒有迷惑，就能不斷地前進。或許途中會有許多的困難、障礙，或許也會出現不認同我們的人，但不要試圖去駁倒、批判。即使他們在此時不認同我們，也無須將他們歸類於惡。

我們如同愛的大河、奔流的大河，在波濤洶湧的愛的奔流中，不管築起怎樣的堤防，阻礙著多大的岩石，傾倒著多大的樹木，終究都將被我們一一越過。

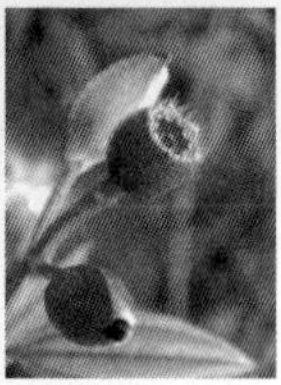

我們就像這愛的激流、善念的激流，不斷地向前奔流，不會因為障礙物而裹足不前。即便是從下方穿越，或者從旁越過，沒有任何東西可以阻擋得了。

在愛的大河中，沒有所謂的惡，沒有所謂的敵人。從根本的概念來說，愛是沒有敵人的，眼中的敵人只不過是相對觀念罷了，當壓倒性的善念包容一切時，敵人就不存在了。之所以會出現反對的聲音，是因為自己心中的愛尚且短少。

若是心中懷抱著和佛神一般偉大的愛，那麼眼前的惡、敵人、將不復存在，我們必須秉持這種胸襟不斷、不斷地前進。

五、超越自己與他人

既然發現偉大的愛的存在，更要認識「超越自己與他人」。生於這個時代，並能成為「幸福科學」的會員，每一個人必定都被賦予了偉大的使命，這是無庸置疑的。

在執行這偉大使命的同時，絕對要注意的是，不可區分彼此。天上高級靈擁有各種不同的個性，其教義也具備多樣性，我們必須要知道，雖是如此卻不會互相排斥、隔閡。之所以具有多樣的個性，是為了創造更偉大的光的藝術，絕不是為了互相排斥而存在的。

所以，在實踐愛的過程中、施愛的行為上，就必須要超越自己和他人。

希望每個人都可以仔細想想，如何跨越自己和他人之間的那道牆？在檢視一天當中心裡來來去去的念頭時，希望每個人都可以仔細想想，自己是否懷有太多自我中心的念頭？是否真的是不幸的？是否過得愉快？是否有過多的欲念？

佛理貫穿全宇宙，於全宇宙無限循環，佛理當中有自己及他人，有的僅是佛的能量、愛的能量。

因此，當審視內心時，發現自己抱持著強烈的「自己是自己、別人是別人」的念頭時，就必須問問自己，到底出了什麼問題？

真正擁有正心的人，即便完全不考慮自己，也能充實愉快地度過每一天。希望每個人都能早日實現，過著這般充滿透明無暇的時光。

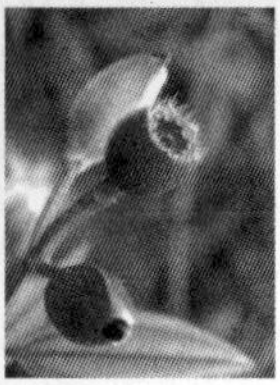

六、幸福宣言

我要提出七則幸福宣言，這是將人類帶往幸福的宣言，也是我們勇往直前的號角、大舉進軍的旗幟。

《七則幸福化宣言》

宣言一：佛法真理的探究

我們為了讓全人類充滿幸福，誓願將徹底探究佛法真理做為目標。

宣言二：佛法真理的學習

我們為了讓全人類充滿幸福，誓願將徹底地學習真理。

宣言三：佛法真理的傳佈

我們誓願全心全力將佛法真理傳佈於世。

宣言四：愛的實現

我們誓願將每日發現偉大的愛，並將愛傳佈於世。

宣言五：幸福的創造

我們將以實際行動，為現代人及後世人們創造幸福。

宣言六：人類的發展

我們將以人類的發展，作為我們偉大的目標。

宣言七：建立烏托邦

我們最終的課題是，將世間建設為烏托邦的社會，並將四次元以後的靈界也變成烏托邦的世界。換言之，即是將佛所創造的世界，皆改變為烏托邦世界。

為了讓全人類充滿幸福，我將投入所有的時間，開展各種的活動。希望每個人也好好思索，自己如何在有限的時間內具體行動。想想自己該如何將沸騰不已的心情傳達給他人。

佛法真理的探究、學習、傳道，這是從探究正心而開始的幸福原理，希望每個人能繼續以此為前進的動力。

信仰

第一章　信仰的原點

一、與佛神的相遇

本章將論述有關「信仰」的問題。

在思量信仰的同時，必須考慮到「與佛神的相遇」。對於人類而言，與佛神相遇的時候，是最嚴肅的瞬間，也是最聖潔的時刻。

各位在幼年時，看到釋尊的佛像，或者是十字架上的耶穌，甚至其他有關宗教的事物，或許會覺得那些都是與己無關的事。

可是，人生在世總是會有機會與佛神相遇。和佛神相遇的契機之一，是人生遭逢失敗、挫折的時候。人有時會生重病、落榜、失業、失戀、婚姻不合，這種種失敗、挫折，正是讓人面對佛神的契機。

雖然，人間的苦難、困難、失敗、挫折等等被視為惡的象徵，但這未必是對

的，因為失敗中也隱含著成功的契機，悲傷中亦蘊藏著喜悅的種子。

那些以單純的二元論角度，來看待世間的人會認為：「既然佛神真的存在，為何世間還會有不幸呢？為何還會有辛酸呢？為何在遭遇死別時，還會有悲傷呢？為何在別離時，還會有難過呢？為何在貧窮時，還會有痛苦呢？」。

然而，這些痛苦、悲傷，不單單只是為了痛苦而痛苦、為了悲傷而悲傷。在感受痛苦、悲傷的同時，其實這背後是偉大的佛神之愛。在佛教當中也說，將所有考驗當成觀世音菩薩給予的課題。將這些事物視為考驗、磨刀石的時候，其實就已經和佛神相遇了。

一生當中健康的成長、得到像樣的成績、進了還可以的學校、有了不錯的婚姻、孝順的子女，然後死去，光是這樣或許是難以與佛神相遇的。

然而，這只是絕少數人的狀況，百分之九十九的人一定會有遭遇挫折的經驗。每個人一生當中，一定有過食不知味、失眠焦躁的經驗。

但是，差別就在於你如何看待這些問題。遇到苦難、困難的時候，或是感到焦躁、痛苦、煩惱的時候，是感受到「惡」的存在而怨天尤人？或是感覺到這砥礪了自己成長？感覺到佛神偉大的愛？差別就在於此。

當然並非碰到令人悲傷的事情時，才會和佛神相遇，喜悅的時分也會與佛神相遇。在人生中的所有成功時刻，或許都能和佛神相遇，例如贏得從未奢望過的成功的喜悅，擁有從沒預料到的結婚的喜悅，不孕夫妻突然喜獲麟兒的喜悅，自覺無法出人頭地卻意外當上老闆的喜悅等等。這種在世間才會出現的成功時刻，其實亦能夠和佛神相遇。在這喜悅的一刻，人必須雙手合十，感謝佛神。

縱使人生的各個時刻都能和佛神相遇，然而有些反應較遲鈍的人仍感覺不到。每個人在人生的兩個極端時，請務必珍惜與佛神相遇的機會，這也是讓每個人獲得更長遠人生觀的第一步。

二、保持「清心」

在面臨人生的各種經驗時，到底如何才能與佛神相遇呢？

在《聖經》中，記載著明確的方法，那是一段耶穌在山上對信徒的聖訓。

耶穌清楚地對信徒說：「清心的人有福了，因為他們必得見神」。

這一句話，是耶穌基督直接了當、毫不掩飾所講的話，更是基督徒長久以來的精神支柱。

「只要是清心之時，就能與神相遇，耶穌是這麼說的。只要謹守這個信條，即使跌落地獄，也必定會與神相遇。」

基督徒們憑藉這股信念，度過了幾百年、幾千年的歲月。

「清心的人有福了，因為他們必得見神。」這段耶穌基督的話，說明了一切。

我曾說過透過反省，去除掉心中的烏雲時，天上界的光芒就會照射於心，進而心靈就能和四次元以上的世界溝通，也能與守護靈、指導靈對話。在理論上絕對是如此，耶穌基督早在兩千年前，在以色列如此教導著每個人。

其實「反省的瞑想」，和耶穌所說的「清心」是相同道理，只要保持清心，就能累積許多神祕的體驗。

到底如何使自己清心呢？首先，必須修正自己錯誤的思想。反省自己是否抱持著不為佛神所喜悅的思想？對於自己不正的行為，是否深深地道歉、懺悔？這就是所謂的清心。

每個人都擁有各自的人生觀，並各自認為自己的人生觀，是正確無誤的。但是真正具備「清心」想法的人，到底有多少呢？我必須很直率的說，一百個人當中，或許連一個人也沒有。

不妨試著問問身旁路過的人，「你認為自己是清心生活的嗎？」回答「是」的人必定很少，或許恰巧問到做完週日禮拜的基督徒會回答「沒錯」。然而，那只是在儀式或集會中會這麼想，在一般生活起居中就未必如此了。

所以，我必須提醒大家，唯有「清心」，讓心境越來越清明、清澈。在清心當中，才能得到寶貴的神祕體驗，才能真正感覺到佛神的存在，才能感受到偉大的奇蹟。

三、與自我表現欲望的戰鬥

關於「清心」，還必須從另一個角度去探討。

現在聚集於「幸福科學」的人，一定是以成為菩薩為目標，如此自覺，是讓各位一步一步往更高目標邁進的原動力。

但是在這不斷前進當中，必定會出現魔境，所謂「增上慢」的魔境。許多優秀的修行者之所以墮落的原因，都是因為「增上慢」所致。所謂「增上慢」，就是自己獲得外在讚美、獎賞時，未能謙虛以對並繼續努力，卻相反的認為「這是當然的，我本來就能獲這麼多的好評，我本來就應該受到這般的待遇。」甚至自負地認為「不，這還不夠，我應該獲得更多的讚賞。」這就是所謂的增上慢。

其實，越是肩負崇高的使命、越是身居上位，就越應該每日檢視己心、謙虛處世，方能稱為有器量。切記，絕對不可汲汲於小成、小利。

換句話來形容的話，這可以說是和自我表現欲望的戰鬥。所謂「自我表現欲」，就是極盡所能地讓別人發現自己的存在，讓每個人都看到自己的付出，只為了想聽到人家稱讚「你真是優秀啊！」

然而，追求成功亦是人類的本質。在追求成功的野心之中，也存有潔淨。如果缺乏這種追求成功的野心，文化及文明也不會存在。世界之所以有文化、文明，就是因為在其深處有著人類想要成功的野心，或是說有著想要追求更高理想的信念。

但是，為何從佛法真理的角度來看，自我表現欲會變成問題呢？因為這種欲望終究是想降低對方的地位，提高自己的地位。對於意圖居高臨下的人來說，如果他人比自己優秀的話，就會感覺到自己好像很悲慘，感覺到自己的價值被剝奪了。

這是一種沉浸在相對觀念之中，並遠離絕對幸福、絕對皈依與信仰的心境，最後必定會切斷自己與他人的關係，甚至出現不希望他人幸福的念頭。這就是具有強烈自我表現欲望的人的本質，只想讓自己獲得更多的讚美，而這種希望奪取更多關愛的心情，儼然就像是精神上的吸血鬼。

本來，施愛就是一條修行之路，沒有那種「奪愛」的修行的。你可以在這條大路旁種植玫瑰，但將玫瑰摘下就不是修行者應做的事了。然而，具有強烈自我表現欲望的人，就是會將玫瑰摘下，並且裝飾在自己胸前。

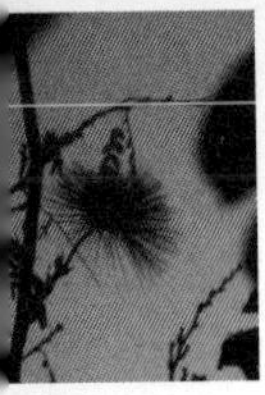

呼應佛神之心的生存之道是，在沒有花開的地方灑下種子、埋下球根，並讓它枝繁葉茂、開花結果。即便灑下種子的自己，無法親眼看到花朵綻放，只能供後人觀賞，仍會持續不斷地默默播種，這就是擁有信仰之人的真正姿態。這沒有半點的自我表現欲望。

不妨仔細想想，你要當一個摘花裝飾自己的人，還是當一個為後人播種的人呢？

四、自卑感與愛

在自我表現欲望的深處，其實隱含著某種程度的「自卑感」。

不管是誰，都有或多或少的自卑感，而具有強烈自卑感的人，可以分成兩個種類：一種是因為自卑感導致自己不幸的人，另一種是因為自卑感產生補償作用，將自卑感當成是一個彈簧、跳板，讓自己產生向前走的動力。

然而，不管是哪一種，自卑感終究會造成內心受傷，並且內心惶惶不得安穩。

正因如此，具有自卑感的人，比平常人更渴望得到愛，因為愛是百病的良藥、是治癒傷心的湧泉。

愛，有所謂的平等心，所有的人都被賦予同等的愛。愛的本質，就是發掘出隱藏在萬物中的光芒，不管是多小的昆蟲、花朵，或是包括人類在內的各種生物，愛都能發掘出隱藏其中的光輝神性。

愛，雖然非與生俱來，卻能消除後天產生的自卑感。每個人都必須了解，「自卑感」是不為他人所接受的心境，而「愛」是想要付出的心境。自卑感的本質就是，不被他人接受時的心情、感受不到他人的愛的心情。

相對於此，愛就是想要付出的心境。真正的愛是施愛，是持續不斷付出的愛，是無償的愛。或許有人因自卑感而苦，那是因為一直想要得到他人的愛，務必重新調整自己的思考，想想施愛的重要、無償的愛的重要。「自己付出這麼多，能獲如此評價是理所當然的」、「自己犧牲了這麼多，贏得他人的愛也是應該的」，如果內心擁有這種想法，一定要有所改變。

愛，在本質上，是不斷付出、不求回報的行為，這是一種即便看不到花開，也會不斷播下種子的行為。

因此，看看週遭有多少因自卑感而苦惱的人，想想自己是否也是其中一員，每個人務必要發現愛的重要。何況，越是被自卑感所傷，就越要知道此世當中的愛，尚且不足。

請務必持續不斷地播下種子、種下球根，這當中隱藏了無償的愛的本質。絕不可奢求有所回報，一旦湧現想要回報的心情時，愛就即將消失，種子、球根隨即枯死。

五、信仰的原點

最後，我們來談談關於信仰的原點。

信仰的原點中，必須具備自己尚未成熟的自覺。或許，那些自認為了不起、滿足於現況的人，是沒有信仰的。

事實上，每個人試著重新檢視自己的話，一定會發現尚未成熟、尚待加強之處。

這就是人向高處發展、追求理想的力量，這也可以說是信仰的原動力。

人越是知道自己的不足，就越應該朝向獨一無二的佛愛邁進。佛即是理想，朝向理想邁進，就等同朝向佛邁進。

換句話說，信仰的原點，就是謙虛地看待自己，謹慎地從中找到一條通往佛的大道。

此時，即便發覺自己一無是處、不能為人所依賴，即便是充滿了自卑感、焦躁不安，千萬不要忘記，自己也是佛所創造的，擁有與佛相同的本質。信仰的存在，就是為了讓人找回原來的自己，讓人能往更偉大的理想努力。

每個人的理想，必須符合佛的理想，這理想即是佛的理想，佛即是自己的理想，以這種模式思考是很重要的。

當自知不足時，就會湧現追求完整的意欲，這意欲即是信仰的原動力，更是讓

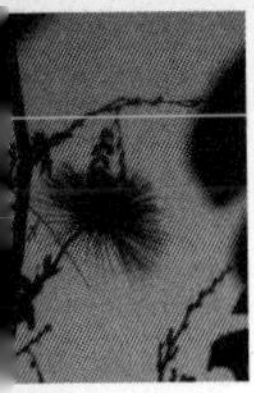

自己積極向上的無形力量。

希望各位勿忘記這朝向佛境前進的信仰原點，每日清心，每日都朝佛境邁進。

第二章　佛我一如

一、感受到佛之際

各位現在於「幸福科學」當中學習佛法真理，並且心中因為此佛法真理而產生了新的感動，此時就可以說是感受到了佛的存在。

以文字來表現「感受到佛」是非常簡單的。然而，一個人的一生能否真正感受到佛存在，端看他過得是怎麼樣的人生。

人們或許認為所謂「覺悟」，就彷彿是在遙遠的礦山中所挖掘出來的鑽石一樣，但是所謂的覺悟並不是如此，而是指你是否實際感受到佛的存在。並且不只是感受而已，而是藉此對自己有了影響。此影響換言之就是讓自己心境更與佛相似。因此我們必須要時常讓自己真正感受到佛的存在。

許多人在佛法真理書籍剛發行的時候，對每一本都感到非常新鮮，然而現在有

眾多新書出版的時候，就開始會產生那是理所當然現象的三次元錯覺。我要再一次對這些人提醒，這是一個偉大的奇蹟。你能在這個時代接觸到這麼多的佛法真理，就是一個過去所不曾有過的偉大奇蹟。當你對此奇蹟已開始沒有任何感動時，那就表示你已怠惰去要求自己每日都有新的改變。

隨時要在佛法真理中找到新發現的態度是很重要的。不可以每天光是漫不經心的度日，必須要經常去累積新的發現。

這個意思就是說，當各位在閱讀佛法真理的時候，不能只是單純地閱讀而已，而是必須將其中發光的字句記憶在心中，並且時而提筆做註記、筆記，一點一滴地學習。如果不打從心底認真學習的話，無法將知識變成自己的東西。孔子曾說過：「溫故知新」，這是我們在學習上絕對不可以忘記的道理。

在學習的過程中必須要隨時複習，確認佛法真理的知識是否已真正變成了自己的東西。即便是在過去曾經讀過，但經過了一年、兩年，自己內心有了變化後再去閱讀相同的東西，當中必定會有新的發現。此時就會發現自己在過去遺漏了許多的佛法真理。

二、反省的基本

反省必須要以佛法真理當作基礎。沒有這佛法真理為基礎，即使反省也沒有辦法深入。

許多人很容易把反省當作是自己躲在深山裡或者是沒人的地方，一個人靜靜地回顧過去的所作所為。然而真正的反省並不是指像死刑囚犯一樣進入了牢房後，檢討自己過去所犯下的過錯。

此外，當中也有許多人把反省當作是非常被動、非常消極的行為。當然，在反省當中也有這一層的意義，但是其實反省也有著相當積極的一面。換言之就是「創造自己」的反省。

有人認為反省就是將自己過去所犯下的過錯拭去的行為，也有相當多人認為反省就是將過去的思考、行為做一次總結算。這種觀點從以前就存在，或許也有無法

高談文化、序曲文化、華滋出版 讀者回函卡

謝謝您費心填寫回函、寄回（免貼郵票），就能成為我們的VIP READER。未來除了可享購書特惠及不定期異業合作優惠方案外，還能早一步獲得最新的新書資訊。

姓名：________ □男 □女 生日：____年____月____日

E-mail：________

職業：________ 電話：________ 手機：________

●購買書名：________

●您從何處知道這本書：________

□書店（□誠品 □金石堂） □網路or電子報 □廣告DM

□報紙 □廣播 □親友介紹 □其他

●您通常以何種方式購書（可複選）

□逛書店 □網路書店 □郵購 □信用卡傳真 □其他

●您對本書的評價：

（請填代號：1.非常滿意 2.滿意 3.普通 4.不滿意 5.非常不滿意）

□定價 □內容 □版面設計 □印刷 □整體評價

●您的閱讀喜好：

□音樂 □藝術 □設計 □戲劇 □建築

□傳記 □旅遊 □散文 □時尚

●您願意推薦親友獲得高談文化新書訊息：

姓名：________ E-mail：________

電話：________ 地址：________

●您對本書的建議：________

1 0 6 - 9 6

台北市大安區忠孝東路四段341號11樓之3

佳赫文化行銷有限公司　收

廣告回函
台北郵局登記證
台北廣字第1061號

姓名：

地址：

一概否定的一面。

然而，這種等級的反省只不過是過去多數佛教修行者，所做的反省而已，如果僅停留於此，那就沒有必要在「幸福科學」當中學習如何反省了。

有一種名為「內觀」的修行方法，藉此去檢視自己心中在過去所犯的過錯。這的確是一種不錯的修行，但如果是講求真正反省的話，就不可以只停留於此，而必須要更深一層去做積極地反省。

反省的目的不只是要求自己將過去心中的烏雲除去，還要藉著反省去找到創造美好未來的積極材料。自己過去的失敗，在某種意義上對將來有著很大的助益。那也是自己朝向未來邁進不可或缺的跳板。

因此，我們絕對不可以害怕失敗。對於那些可以將自己所體驗過的所有事情當作糧食，並且藉此向前飛躍的人來說，反省是一種可以讓自己轉向積極人生邁進的偉大武器。

有人將反省視為適用於過去的事情，祈禱則適用於對未來的事情。當然這種想法有它的道理。但是，我也希望各位能夠知道反省當中，也包含了自己對未來的反省。在祈禱當中也包含了對過去所發生之事情的感謝，以及對於過去所犯下的錯誤的懺悔。

反省是針對過去、祈禱是針對未來，我們未必能用這種二分法加以區分。反省是消極、祈禱是積極，這種講法也未必完全說得通。

由此看來，反省和祈禱兩者有互相重疊之處，也有各自不同的地方。反省的特徵可以說是將重點放在檢視己心。檢視之後將已經變壞的部分治療或者說是修繕，並且積極地加入新的補充品。

換言之，反省的基本就是將自己修正到原本為佛子的姿態，這個意義就是說真正的祈禱和反省有著共同一致的一面。

如果要說祈禱和反省有什麼不同，那就是祈禱的方向有著非常大的自由性，有時會出現錯誤的祈禱。但是當給予祈禱正確的方向性，讓自己與佛有著一致的方向時，祈禱與反省之間就沒有那麼大的差異了。

祈禱是所謂的易行道，就是指一條容易前進的道路。相較於此，反省是一條難行道，換言之是一條非常要求自我努力的道路。

三、何謂想念帶

在這一節我想要帶領各位重新認識所謂的「想念帶」。

在「幸福科學」的教義當中認為，人的內心當中有一個像錄音機一樣可以保存紀錄的領域。這個部分會因為自己有錯誤的思考或行為而被燻黑或者是產生污穢，進而無法接收到佛光。

然而，各位可曾真正去思考過「想念帶」到底是什麼？

所謂的想念帶是一種非常不可思議的東西，如果用三次元的言語來說明的話，或許可以形容它是一種類似薄膜的東西。

最近聽唱片的人愈來愈少了，取而代之的是錄音帶，到了現在幾乎都是ＣＤ了。ＣＤ音響可以輕易地播放出美妙的音樂。

想念帶在某種意義上可以說是類似CD的東西。從靈性角度來看它未必是存在於頭腦的部分，而是接近於人們的胸口。在這裡恰巧有著類似CD的東西。在這CD中收藏著什麼樣的旋律，從靈性角度來看的話是一目瞭然。

這個藏在人們心中的CD不僅能夠儲存、記憶音樂，還能夠讓人們從此記憶中一邊播放曲子，一邊生活。換言之，這個心中CD的旋律一直出現在我們的日常生活中。並且，每一個CD中都有著大量的曲子，它可以每天依照自己的情緒、所處的場合選擇不同的曲目。

但是，正因為自己會自動奏出音樂，所以天上界的天使若想知道此人，主要播放出何種曲子，只要聽到其聲響就可以明白。

而其音色具備了各種各樣的靈格，或者說是靈性的波長。各自的波長都能夠吸引、感應到類似波長的存在。這是一種世間相當容易理解的簡單原理。

換言之，你播放了某種音樂，喜好這音樂的人就會向你靠近，反之亦同。會往古典樂靠攏的人幾乎都是喜歡古典樂的人，那些喜歡喧鬧氣氛音樂的人鮮少會靠近。

如果用一句話來形容想念帶，並且是以聽覺的方式來表現的話，這就好像剛才所說在人們各自的心中記錄著一種類似音樂的東西。不要將它視為一種物體，而是在內心領域當中一種可以記錄的靈性裝置。

當這想念帶沾染上污垢時，如果以另一種說法來形容的話，就會好像ＣＤ播放出來的音樂走了音一樣。也好像是演奏家應該演奏出的完美音樂，但在其中參雜了各種的雜音。譬如說，小提琴突然地走音、鋼琴突然按錯琴鍵、指揮突然出了狀況。這一類雜音的出現一定會讓人有不怎麼愉快的感覺。

高級靈都是內心音樂的專家、老手，他們對於這種混亂的曲子，有著非常敏感的反應。就好像專業的樂者聽不下去難聽的鋼琴演奏，或者是難聽的演唱，高級靈對於和自己波長不同的音樂也是難以接受。或許你會認為在靈性音樂當中的小失誤沒什麼關係，但是高級靈們對此則是感到非常的在意。所以務必要知道，高級靈都是以這種嚴格的標準來看著各位。

四、靈魂的歷史

那麼這CD是否能演奏現今的音樂呢？當然可以，實際上這靈界CD的想念帶有著更高的性能。換句話說，它有好幾重的構造，此世的思想和行為都被記錄在一張CD上，在其背面尚有一張更為輕薄的CD盤，這裡則記錄著你在天上界的思想、行為。在此之下，還有著另一張記錄著你前前世生活的CD，不僅如此，還有記錄著更久之前的CD。就像這樣，CD被好幾層地收藏在內心的小箱子中。

因此如果要了解過去古老靈魂之歷史，就可以從中取出CD唱盤並且將它播放，當中的音樂就能讓了解此人當時有著怎樣的人生。

不管人類喜歡或不喜歡，一生當中的思想、行為都會被完完全全地記錄下來，靈魂的歷史也藉此累積起來。

各位一定已學習過靈魂的兄弟姐妹理論以及本體、分身理論。人類的靈魂並不是只有一個，而是有著許多其他的分身。只不過，如果以三次元的語言來解釋的話，就是不同的CD唱盤存在於靈魂當中，想知道自己前世的姿態，只要播放CD

就會傳出代表當時自己的獨特音樂。

最近幾百年，或者是一千年、兩千年的靈魂的歷史，都會歷歷在目地被記錄下來，彷彿可以讓某人活躍的姿態再度重現。但如果是幾萬年、幾十萬年、幾百萬年的靈魂記憶的話，眼前所看到的就不是現在進行式的姿態，而是像被收藏在擁有龐大記憶的圖書館當中的一個片段而已。

我看到許許多多高級靈的過去的姿態，也向各位傳達了他們所說過的話，而這當中尚具備著人類靈魂並且能與我交談的，大概是具今一萬年到兩萬年左右的靈魂。而在此之前的人就不是以具備個性的姿態出現，而是被收藏在靈魂記憶中的圖書館當中。這些高級靈就像是一本歷史書，難以用一個人類的姿態來與我對話。

就像這樣，每次每次的人生就會被製作成新的ＣＤ唱盤，當中逐漸變得古老的ＣＤ就轉變為靈魂記憶的領域。

五、佛我一如

不管是反省、瞑想、或者是祈禱，最重要的是掌握住「佛我一如」的感覺，而不是太在意、拘泥於方法。我出了許多的理論書、靈言集，就是為了讓各位了解佛與自己成為一體的「佛我一如」境界。

在古印度曾有「梵我一如」一詞。所謂梵亦指梵天之意，是為佛、神、高級靈之總稱。梵我一如即為「梵天與我同一。整體我與個別我同一。高級我與低級我雖看似個別，但實際為一。」這是在釋尊誕生以前，就流傳下來的古印度思想。釋迦以更簡明的語言、更容易讓人明瞭的思想，將此「梵我一如」的概念教導給當時印度的人民。

雖然語言不同，但最終我要教導各位的，也是和此梵我一如相同意思的「佛我一如」。我想要將佛的本質、佛的多意性、佛顯現狀態的多樣性以及人類應有的姿態，清楚地分析後教導給各位。

雖然各位有著不同的個性，但各自都有著可以通往佛的道路。希望各位可以發現它並努力地向前邁進。不偏不倚地向前邁進。這當中隱含著真正的覺悟。

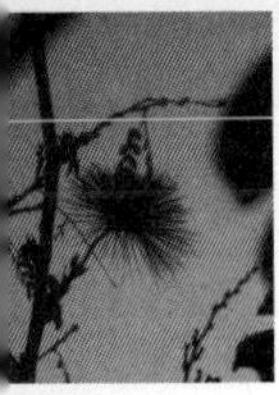

在被賦予的每一天，或者是說在一生當中能長久維持這「佛我一如」的境界的人，終究會成為高級靈。希望各位再一次、兩次、三次去體驗這「佛我一如」的境界。

第三章　祈禱的本質

一、何謂祈禱

本章將針對何謂祈禱來論述。

何謂祈禱？祈禱就是在佛神前整肅態度，誠心祈願。通常，這時會出現二個疑問。

其一，在佛神前整肅態度所指為何？其二，祈求的內容與性質，是否有什麼限制？這兩方面必須要提出來檢討。

首先，到底在佛神前怎麼樣才算態度整肅？對此，其中包括了三個要件。

第一要件是謙虛的態度。放低自己的身段，就是謙虛、虔誠，如果沒有做到這一點，是無法真正面對佛神的。

第二要件是拭去內心的污穢、反省心中的烏雲、懺悔以往所作過的錯事。讓己

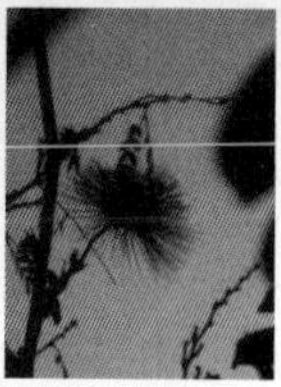

心清淨是其原則。

即使，不談「佛神與人」之間的關係，平常遇到偉大人物，人也自然會端正自己的儀態，注意自己的穿著、禮節，甚至是表情、舉動，仔細留意自己哪裡表現不妥。在信仰的世界裡頭，注意儀態更是原本就很正常的行為。

總之，如果沒有淨化、淨空自己的心，拭去世俗煩擾的波動，就無法轉換成面對佛神的心境，這就是清淨、反省、懺悔自己之後，面對佛神的意思。

第三要件是了解佛神與人之間並非施與受的關係，也不是猶如契約般的關係。這不是交易，我們不可以說：「我去做某某事，你就賜與我某某物。」像買賣契約一樣。人和佛神的關係，與買賣交易是儼然不同的。

在一般公司，部屬將文件往上呈傳之後，能不能通過全憑上司判斷。這個案子需不需要附帶條件或修正，也全憑上位者的意思。

人與佛神之間，也和這個例子一樣，佛神要如何對人所祈禱的內容做判斷，完全端看佛神如何解讀。人一定要懂得這種立場的不同。各位也必須知道，人的願望能不能實現，其決定權也在佛神身上。

此時，第二個問題就出現了，這是有關祈禱的性質與內容的問題。我們祈求的內容要合乎佛神之心，如果違反佛神之心或違背佛法真理，恐怕將難以實現。這一點就是人必須要檢討的事了。

二、佛神與人

「祈禱」這個行為，讓人明白感受到人與佛神之間，具有迥然的差異，這具有重大的意義。

比方說，通常廟的空間都非常寬廣，當人站在廟前，就會感覺自己很渺小；佛寺、教堂也是一樣，不管佇立在大佛像前，或是在教堂裡屈膝祈禱時，往往都能明顯感受到自己的微不足道。

人佛之間差距之大，如何才能縮短距離呢？相隔如此遙遠，如何才能跟佛神取得聯繫呢？其實，方法都在祈禱裡。

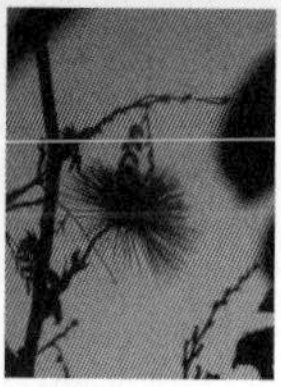

祈禱如同撥打電話一樣，如果撥對了號碼，就能連繫上在天上界的人。所謂正確號碼，其實就是正確的祈禱方法，遵守正確的祈禱方法，然後歸納好內容，如此一來，心中祈求就能上傳天上界了。

我以前讀過遠藤周作所著的《沉默》，書中有一個場景，描述一位赴日的傳教士，他疑惑著：「為什麼神都不回應我的祈求？為什麼神都保持沉默？」他感到非常苦惱。這段描寫「為什麼神都不回應我？光是報以沉默」的內容，我印象非常深刻。

但是我卻認為，神不但不沉默，反而很會說話。當然此處所稱的神是指高級靈，他們總是能夠很明確地掌握我的想法，必要時還會給我許多建議。

須知神絕對不會沉默，高級靈們絕對不會不語。他們總是很努力地想給予人們靈感。

因為高級靈的心充滿著愛，這愛就是「付出的心」，這種付出的心，最後就變成「不管什麼願望，都希望能幫助人實現」的心情。

既然高級靈都擁有這一份「愛」，我們的「祈禱」就不會沒有答案。有時藉著祈禱，還會創造出人與佛神溝通的機會。

三、高級靈的存在

透過幸福科學的靈言集，各位可以了解到有許多高級靈的存在。對於高級靈的存在，各位應該要如何思考、如何應對呢？

祈禱時，可以將自己所讀過的眾多聖賢書中，最能撼動自己的言論，銘記在心。祈禱時，應該要有一個具體的對象存在比較好。

高級靈對人不會「置之不理」或「冷眼旁觀」，各位的祈禱的話語，在靈界當中必定會有人接收到。只要這個祈願是符合佛神之心，就會得到助力。以長期的眼光來看，祈禱的內容會漸漸朝向實現邁進。

另外，還有一點很重要，那就是對願望不要太執著。沉靜己心，依循正確的祈禱方法，靜靜地將祈禱內容說出，之後不要再去想了，靜心地過往常般的生活。時機到了，願望就會實現。可是，如果是與高級靈的心相違的願望，這個念頭便會漸

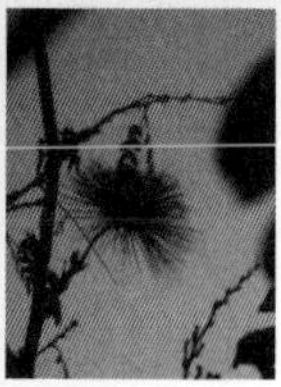

漸從內心消失。

比如，某人祈禱想要在公司中能有一番作為，沒想到過了兩個月，竟然出現一個轉換工作環境的機會，而且是一個很不錯的新工作，此人於是就在這種情況下跳槽了。這就是說，雖然祈求在這間公司有所發展的願望沒有實現，可是卻可能出現意外的發展。

再比如說，某人祈求能跟某位女孩結婚，可是如果這個女孩並不是適合自己的人生伴侶，最後這個想法就會消失，日後則會喜歡上另一個女孩。事情將如何被判斷，取決於高級靈們的想法。

各位必須要認識到，人的內心常常會有「我要這樣，絕對要這樣」的強烈意志，若這個念是錯誤的，事實就會朝著錯誤的方向實現。在祈禱之中，隱含著人們想要願望絕對實現的心念，所以也有危險的一面。當祈禱變成欲念的時候，便很有可能引來魔界的干擾。

所以對於祈禱的內容不要太過於執著，應抱著淡然的心情：「如果時機到了，請保佑我實現這個願望。」

四、滿布於大宇宙的能量

在思考祈禱這個問題的時候，千萬不能忽視，廣大宇宙中其實充滿了能量。可是，人們往往很容易輕忽這點。

人常常抱著孤獨感在祈禱，而且抱著這種心態在祈禱的不算少數。那一股孤獨感，彷彿穿著太空裝登陸月球，可是自己卻單獨被人留下，或像是孤零零地被遺棄在沙漠之中，身邊沒有任何人事物能幫助自己。

可是，事實並非如此。或許大家肉眼看不見，在這個碩大的宇宙中，可以說充滿著無數睿智與愛的光芒、愛的能量。當各位發覺這個事實後，就會知道原來有那麼多的夥伴一直在身邊支持我，原來宇宙中有那麼多意念都在祝福、期盼我成功。

以「成功」這一點來說，其實宇宙能量中充滿著成功的要素。大宇宙的佛心當中，亦存在著「繁榮」、「發展」想法。這就是「富」的觀念，亦即「富念」，這

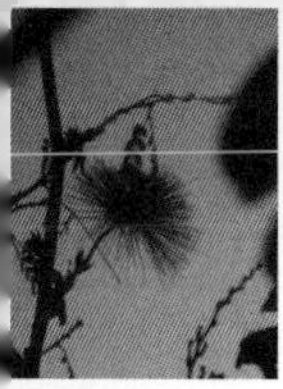

種富念滿溢在宇宙之中，並以各種不同的形式在世界各地具體實現。

有人因為成為電影演員而成功，有人因為成為政治家、企業家、醫生、或是作家而成功，每個人的情況各有不同，這是因為欲富的能量轉化成具體實現的緣故。總之，佛愛是沒有限度的。

美國有一位名叫萊斯特　梭羅（Lester Thurow）的經濟學者，曾針對「零合理論」出了一本書。「零合」是一種從經濟學觀點所提出的理論，大意就是說，如果有某部分被拿走了，就只是減掉被拿走的數目，總數根本不會改變。如果將某部分給人，自己手上持有的，只是缺少了給人的那部分，總數依舊是不變的。這是一種不增也不減的理論。

假設眼前有一張蘋果派，有人將它吃了多少，那它就少了多少。如果一個人要吃掉一半，就只有兩個人能吃；如果八個人要吃的話，就只能吃八分之一，但總數完全不變。這就是這位經濟學家所提出的零合理論。

當然，在世間當中這種想法的確存在。例如，在公司裡頭，如果某人發達了，自己就沒辦法有所成就。遇到考試時亦同，如果有人考上了，自己就考不上。

然而，人生真實的樣態，並非只存在這種看似公平的競爭主義中。佛對於成功的想法，並非是看數字。佛不會在一萬人、一億人當中，或是在一整間公司裡，只讓一個人成功。凡是擁有一定的實力，佛就會幫助人們朝向成功發展。所謂一定的實力，是指用心程度與努力方式，只要達到標準之上，一定會受到庇祐。正因為如此，才會造就許許多多的成功經驗。

比方說，有人在某一間公司可能不會發跡，可是在別間公司卻成功了；或是轉換了跑道之後，反而成就更不得了的事業。這種成功，不是像中了樂透一樣地偶然，也不是說誰成功、誰就會失敗的零合觀念；這種想法千萬都不能有，這會導致世界變得自私，人們的想法流於排他主義。

宇宙中充滿了讓人類幸福的能量，如何將這股能量引導下來，祈禱的方法就是非常重要的一個要素。

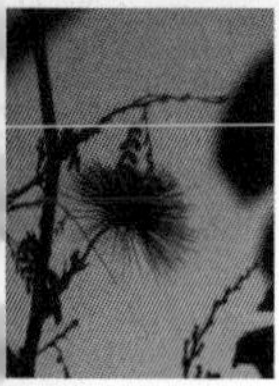

五、祈禱的方法

關於祈禱的方法，在「幸福科學」當中，三皈依信徒（誓願皈依佛法僧三寶之人）能夠領受《祈願文》之經典。其中收錄了「向主的祈禱」、「向守護 指導靈的祈禱」、「佛說願文 祖先供養經」、「疾病痊癒祈願」、「擊退惡靈的祈禱」、「吉姻良緣的祈禱」等等。

祈禱分為兩種，一種是祈禱願望能夠成就，一種是祈禱靈性能量能夠飽滿。而後者的危險性非常的小。

當做這一種祈禱時，需平心靜氣地坐下來，面對著佛神祈求「請賜與我無限的能量」、「請賜與我無限的睿智」、「請賜與我無限的愛」，並且在心中描繪出，自己正接受來自於天上界能量的光明景象。

心想：「佛無限的愛，充滿於我體內之中」。在想像體內充滿了無限的愛之後，接下來要思考，如何將這股愛要散播出去？要如何付諸於這個世界？

當認為「佛無限的力量，已經加注在我身上」而達到充電效果後，就要開始認真地思索，如何秉持這身無限的力量，存在於這個世界？又該有什麼貢獻？

最安全的祈禱，就是這種充電式的祈禱，祈求自己能夠獲得滿滿的能量。

我其實也常做這種祈禱。我每天不間斷地工作，身體也會有不舒服或疲勞的時候，這時我一定會請求高級靈賜予我光。當請求高級靈中的某位靈人讓我充電之後，力量即會變得非常飽滿，之後我就能繼續工作了。

這種祈禱非常容易實現，許多高級靈也會安心地，將光的能量傳給人們。至於，某些牽涉到讓事物具體實現的願望，問題就比較複雜了。

我為了讓能量充電，經常做這種祈禱。高級靈們也都不吝惜地給我相當多的能量。但我很少做希望願望、欲望能夠實現的祈禱，因為即使不刻意去祈求，願望實現的現象依舊在我身旁出現。

換言之，只要此人的心朝向的是正確的方向，加上不斷地努力，前方的路就會像電動門一樣開啟。而讓這電動門自己開起的力量，其實就是來自於高級靈的力量。

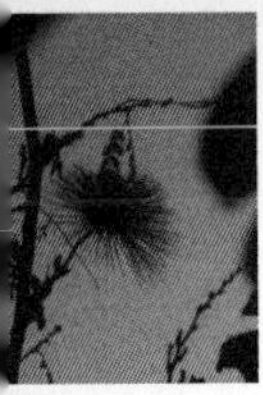

即使多麼想將願望具體實現，或是擁有多麼強的欲念，最後還是得順應自然。人們該努力的就是耐心等待，直到願望實現那一天的到來，當然，中間那段時間並不能只是乾等，必須持續地努力，並保持信心地等待。當實現的那一天，務必抱持著要對世界有所貢獻的心情走下去，這點非常重要。

不可忘記在祈禱的時候，絕對不要忘了許下偉大理想的弘願。總是祈求與自身相關的小願望，就只能不斷地在自己的身體軀殼裡打轉，希望各位在祈禱的時候，能夠許一個純粹、具有遠大理想的願。

勇氣

第一章　勇氣的原點

一、何謂勇氣

本章將從數個觀點來探索何謂勇氣。

自古以來，勇氣始終是開拓大道、解決問題的力量，或者是成就豐功偉業的原動力。

人若缺乏勇氣，將是萬事無成的，「船到橋頭自然直」這句話，未必適用於所有事情。雖然被動的等待，有時也覓得出路，但在大部分情況之下，出路還是必須靠自身平日的精進努力。

既然，此世生而為人，就應主動開創前方的道路。因此，必須時時浮現勇氣，必要刻刻思索自己到底具備多少勇氣。

勇氣，即是「勇敢的氣度」，其實就相當於開拓人生大道的「黃金斧頭」。大

部分人的煩惱，都是源於自己看輕自己，當碰到大問題時就變得不堪一擊，久而久之，就誤認自己真的一無是處。

但是，這絕對不是每個人本來的模樣，每個人原本都是自由自在的，以佛子的姿態活躍著，如同佛暢行於此世。可是，多數的人卻無法發現這個事實，總是認為自己的力量、能力有限，將無法突破現況，歸因於自己能力不足、四周環境不好，或是人際關係不良。

然而，如果以超越平常的觀點來看，這未必能夠怪罪於環境，大部分是個人意志過於薄弱所致。因為意志薄弱，所以無法突破所處的環境、現狀，到底是他人的不對？或是環境不好？還是自己根本不曾努力地發展、開拓？不妨細細思索。

二、慈悲與勇氣

有時我們會顧慮再三，當充滿勇氣、付諸實行時，會不會傷害到他人？此時，就必須想想慈悲與勇氣之間的問題，或者說，溫和與勇氣之間的問題。

溫和的人，通常是缺乏勇氣，因為溫和，總是盡可能地替人著想，完全依照別人的希望、想法行事。溫和的人，看似八面玲瓏，卻因為經常任人擺布而喪失立場，最後往往讓人忘了他的存在，可是他卻還沒有發現溫和的真正意義。真正的溫和和意志柔弱而產生的優柔寡斷，這兩者之間看似相同，實際上卻有顯著的差異。

我們必須重新檢視，以「溫和」或「充滿慈悲」為基礎的思考邏輯。譬如，對他人所說的事都點頭稱好，是所謂真正的溫和嗎？的確，對於那些肯傾聽自己講話的人，總是覺得他很溫柔和善，但以長遠的眼光來看，這到底對人有沒有助益，就難以判定了。

譬如，每個大學新鮮人，都是挺起胸膛、滿心喜悅進入大學校園，為何他們如此快樂呢？那是因為他們的實力獲得了肯定，並且能夠繼續升學。

或許有人認為：「讓想繼續讀書的人，全部進大學不就好了？他們只不過很單純地想要繼續學習。讓想要繼續學習的人，全部入學不好嗎？這不是教育的義務嗎？應該讓全部的人都能夠上大學。」不管哪一個時代，總會有這種想法出現。然

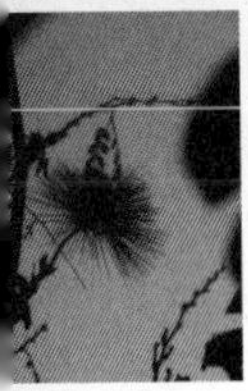

而大學只有一定數量的師資、設施、環境，所以不得不限制學生的人數。

這到底是善？或是惡呢？我認為必須從最終目標來考量。換言之，大學教育的目的在於，將優秀的人材再多加磨練後，使其為社會貢獻一己之長。從這個層面來看，大學是要教育具備某種程度的資格、基礎的人，上大學的人必須符合這個目的。

雖然這可能遭致不夠慈悲、溫柔的批評，但人類的喜悅，正是從這種嚴苛中產生。人類絕不可能在安逸的環境中，提升自我靈魂，或許乍看之下，這是一個充滿競爭、講求學習能力的社會，事實上，這也是砥礪靈魂向上的磨練。如果一直陷於相互同情之中，人類的靈魂絕對無法得到進化。

因此，若從長遠的角度來看，看似嚴苛的，其實包含著滿滿的愛，譬如，發覺他人的致命錯誤而加以斥責。總是聽從他人的意見，並不一定是愛、溫和，如果對方正是急需重新振作的時候，就必須嚴正地去指正他、提醒他，這才能稱為「愛」。有時，勇氣需要以另一種方式來呈現。

到底發怒與斥責，有什麼不一樣呢？發怒常常代表著違反佛法真理，但如果總是笑咪咪的，每件事也不見得能順利進行，因此還是需要適時地斥責。職場的上司會斥責部下，這絕對不是因為憎恨他而斥責，經常是因為考量到他的將來，或是指正、導引他的工作態度，而不得不去責備他。從這個角度來看，斥責的背後，隱藏著偉大的慈悲。

我們絕對不能認為，只要以溫柔的態度待人就好了，必須體認到在慈悲的深處，還有一部分需要和「勇氣」做連結。換言之，為了拯救對方、讓對方重新振作，就必須在該提醒的時候提醒、該指正的時候指正。這絕對不是無情地將他推開，而是在該糾正的時候糾正他，抱持著這種果斷的想法，是很重要的。

原本只要和對方講明即可的事，卻因為自己的優柔寡斷，而造成彼此之間無比痛苦。世上有許多這種陷入不知所以的友情，為了讓彼此的友情跳脫這個框框，必須適時地規勸對方，幫助他重新出發。

我們不能以個別的角度去看慈悲和勇氣，更要清楚知道這兩者的共通點，以及

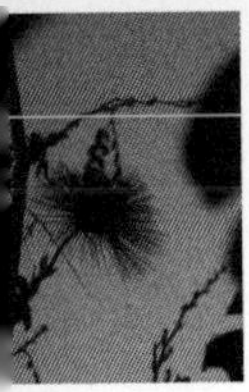

實際表現於外的不同之處。

三、關於指導力

在每個不同的時代，指導力都以多樣化的方式呈現。所謂指導力，就是感化人群、引導人群，或者說指引人群新方向的能力。

事實上，鮮少比現代還要講求指導力的時代了，指導力也可以視為人類表現佛的力量。佛本來就是為指導、培育人類而存在，世間一些優秀的人，透過指導力代為執行佛的工作。所以，指導力也是一種接近佛的人，所被賦予能夠指導、指引人群的能力。

因此，在此世被稱為指導者的人，必須找到自己接近佛的特質。如何讓人們奮發向上？如何讓人們的能力大幅提昇？如何讓人們下定決心？如何讓人們從睡夢中覺醒？具備指導力的人，必須時時刻刻傾注心力在這些問題上。

指導力的泉源在何處？我認為，在於擁有者的魅力，換言之，就是人格的魅力。指導力的泉源，絕對不是天生具備的，也不是來自於人的智力、外貌，而是蘊含於內的高超精神力量。

所以擁有領導力的人，能夠考慮到眾人顧慮之外的事。我們在評斷某人的時候，不能完全以過去的經歷來判斷，而是去感受其散發的人格特質、力量。

因此，指導力的泉源，其實就是人格的感化力。指導力的根源，絕對不是頭銜大小、金錢多寡，而是從優秀的人格、教養中，所散發出來的獨特氣氛、人格特質。

四、關於果斷力

是否具有指導力的判斷基準之一，就是果斷與否，一些具備優秀指導力的人，毫無例外的，都是很果斷的。

假如無法在該下決定的時候下決定、該行動的時候行動的人，勢必會喪失許多人生的寶物。當一個人考慮太多、遲遲不下判斷，通常會錯失許多人生成功的機會，所以，能成為領袖的人，都擁有果決的判斷能力，換句話說，就是有先見之明。

果斷力絕不是說右就右、說左就左如此單純，這是一種必須在變化多端的環境中，時時刻刻判斷自己應往哪個方向，假如發生錯誤還能夠隨即修正的能力。

在某種層面上，果斷力和「深思熟慮」具有部分的一致性。雖然，人們經常將深思熟慮與優柔寡斷聯想在一起，但是，真正的果斷力，在面對難關、處境窘迫之時，能夠如快刀斬亂麻般判斷大局，並且觀察情勢的細節變化，時時刻刻修正微小之處。

如果再進一步說明果斷力的話，那就像偉大人物一般，能夠及時承認自己的錯誤，並迅速地予以修正。

果斷力，並不是指決定之事情完全不可以有所改變，也並不是指自己具有頑固的人格，而是執行自己所下的決定時，務必時常反問自己，這當中有無私利、私欲？這真的是為了眾人所做？這是否真的符合佛心？

果斷力的泉源，是來自於給眾人的愛，因此，有時也必須承擔不利於自己的決定。當覺得自己做了錯誤的行動、錯誤的判斷之時，必須果決地承認並修正。

每個人一定曾經為了顧及面子，而不想承認自己的錯誤吧，或是曾經因為一時嘴快，說了不得體的話而刺傷對方。此時，不可以太汲汲於自己的自尊、面子，而是要鼓起勇氣，為了其他人改變自己的結論，這是非常重要的經驗，這將會成為自己做下一個決定的力量。不要太執著於自己以往的做法，重要的是能夠有所修正、突破。

我認為，人生於世需要兼備兩種條件，一是具有像岩石般強韌的意志，以突破各種困難；另一是能夠細心分析情況，縱使面對各種挑戰都能柔軟地因應。沒有柔軟的心，是不必指望可以成功，這世上的大成功者都兼具這兩種條件。

沒有柔軟的發想、柔軟的頭腦、柔軟的姿態的人，是難以有大成就的。即便，偶爾還是會有一些小成就，但為了能在幾十年的人生中達成大成就，仍然必須果斷地判斷大局，時時刻刻注意小地方的變化，並適時地自我修正。

五、勇氣的原點

最後，我們針對勇氣的原點來探討。為什麼，勇氣很重要呢？這可以從兩方面來說。

第一，從不讓「惡」蔓延的觀點來看，勇氣是很重要的。

「惡」悄悄地隱藏在人的柔弱、優柔寡斷以及猜忌之中，看對方懦弱膽怯，就想趁機占便宜，看對方好講話，就多給他一些額外的工作，這是人的天性。每個人多多少少都隱藏著惡魔之心，一有柔弱，惡就會增長，所以我們必須努力，讓世間以及靈界的惡，盡可能地減少。

人必須以謙虛的態度來處事，但是如果謙虛過了頭，變成沒有勇氣、沒有志氣的話，就不是件好事了。千萬不可以因為過度害怕別人的批評，而總是隱匿一旁不敢出聲，這種人絕對難有大成就。

不管是哪一位偉人，必定經歷許多批評、責難，也必定經歷一段徹夜輾轉難眠的日子，或許還曾被批評、責難所傷，但他們仍然默默地走自己的路、默默地做自己的事。

如果能夠隨時修正自己，並更努力地向前邁進，世人的批評、責難終究會停息，而漸漸地責難將轉變為稱讚。

如果深入觀察人的心理，不難發現批評或責難的背後，通常隱藏著對對方的稱讚。如果他人的成功，對自己毫無影響，就沒有什麼話好講；如果他人的成功，造成自己的傷害、損失，或是可能導致自己的失敗，通常，這時人們才會介意、批論他人的成功。

因此，當責難、批評如雨淋到身上的時候，先反省自己有無不妥，如果確定沒有，就要毫不猶豫地繼續向前邁進。千萬不要忘記，那些批評、責難的背後，都可能隱藏著對自己的稱許，況且既然有說自己壞話的人，也一定會有默默支持著自己的人。

勇氣是很重要的，第二個原因是，沒有勇氣，難以建立烏托邦社會。

這是一個物質的世界，也是一個容易妨礙靈性自我實踐的世界，人們經常太執著於物質享受而墮落。為了在這物質世界中，建立真正的烏托邦、佛神的國度，我們千萬不能忘記，隨時抱著不被他人的批判所動搖的勇氣，並隨時懷著對他人述說真理的勇氣。

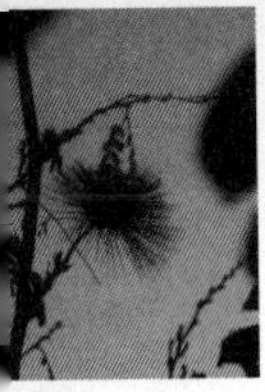

萬萬不可忘記，勇氣是建立烏托邦世界的鐵鑿、鉋子、鐵斧、鐵鋸，勇氣是建造烏托邦這美麗建築不可或缺的道具。大家是否已經忘了這個道具，而徒手在蓋這建築呢？

如果認為眼前的事都無法如願，佛法真理也無法如想像般普及，如果心中有這種嘆息的話，問問自己是不是遺忘了這稱為「勇氣」的工具？是不是忘了將好好使用它？

第二章　如何建立積極的人生觀

一、拓荒者精神

本章以「如何建立積極的人生觀」為題，希望讓每個人知道如何開拓自己的人生，同時將積極奮進的思想傳達給每個人。

首先，談談關於「拓荒者精神」的話題。所謂「拓荒者精神」，是幾百年前英國人開拓美國西部時所燃起的野心，這種拓荒者的精神，即便流傳至今依然歷久彌新，絕對不是食古不化的思想。

這拓荒者的原文是「Frontier」，也是邊界、前線基地的意思，這意味著自己也必須去設定人生中所謂的前線基地。雖然每日反省己心，也要隨時注意自己的前線基地位於何處？自己想要開拓的領域，又是哪一個方面？

心中時時懷想這種念頭的人，可以說是一個清楚了解未來問題、課題的人。相

反地，不具「前線基地」意識的人，就總是停滯不前，或是每日過著理所當然的平凡生活。相較於停滯型的人生，或是自以為理所當然地生活的人，時常抱持積極態度、作為的人，因為對每件事都勇於嘗試，才能開拓偉大的新天地、新事業，並且為人類開啟未來。

你人生的前進基地為何？你如何設定開拓人生沃野與廣大世界的前線基地？到底要如何開拓你的人生？什麼是妨礙你前進的敵人？你又打算如何躲過敵人的襲擊，開拓西部大陸呢？

每個人務必確切了解，何謂拓荒者精神？自己的開拓地為何？何謂前線基地？在充分了解之後，在大舉西進的同時，也要意識到途中阻礙前進的敵人為何？

人很容易沉溺於每日安逸的生活中，這時就極需重新思考這拓荒者的精神。最悲慘的人生，莫過於日復一日過著重複的單調生活，沒有一點創意可言，自己也無法發現積極的生存意義，對社會沒有絲毫新的貢獻，更遑論對人類的貢獻了，當然也鮮少受到人們稱讚，只是唯唯諾諾地虛度每一天。

對這種人而言，拓荒者精神簡直就是革命性的思考。截至目前為止，遍尋不著沒有拓荒者精神還可以成就偉業的方法，不管要成為政治家、宗教家或是科學家，總之，成就人生的偉業，必定要有拓荒者精神。

每個人務必了解，自己想開拓的東西為何？隨之而來的危險、障礙又為何？更要知道如何去一一克服？希望每個人都能再一次認真思考，何謂拓荒者精神？開拓地？前線精神？

二、常勝思考

在美國西部牛仔劇中，的確有阿帕契族等等的人物登場，他們經常手持弓箭射殺白人，但在實際人生中，並沒有人會拿著弓箭射向自己的。雖然，有時我們會受到打擊，時而感到痛苦或是承受他人的責難，但重要的是，那些都絕對不會致命。

這和西部牛仔劇一樣，有些演員雖然在劇中互相敵視、鬥爭，但在謝幕之後，大家又合好如初。即使人生中會出現像敵人般，令人憎恨的人物，但都不過是一時

的角色，並不是本來就存在的敵人。

不妨認真想想，那些積極傷害別人、憎恨別人的人，或是打從心底輕視對方的人，到底有多少呢？或許從結果上來看，世上的大多數人是傷害了別人，但他們通常並非積極、有意地傷害別人，即便是犯法的人，他們也會為自己辯解是不得已才犯了罪。總之，任何人都不會假想自己，是一個積極使壞的惡人。

人，終究是希望被眾人喜愛，當這種希望被喜愛的欲求和他人的欲求相衝突時，有時會產生短暫的憎恨，或是想要和他人競爭的念頭，但是這種情形都不會長久持續，因為多數人仍希望自己活在幸福當中。如此來看，值得憎恨的敵人，阻礙前進的高牆，根本就不存在。

阻礙前進的高牆，不存在的這個事實，可以適用於偉大的科學家牛頓身上，愛因斯坦曾說過：「幸福的牛頓，自然對他而言，就像是一本攤開於眼前的書，他不費吹灰之力就能閱讀。」這句話如同真理一般，也告訴我們，阻礙前進的障礙是不存在的。

這世上，不存在阻礙前進的障礙，但在自己的內心世界中，卻不時會覺得某事、某物的出現，是障礙、妨礙，甚至認為是某人刻意搞鬼，或是週遭環境壞了事。實際上，並不是如此。

這世上，不存在值得憎恨的敵人，也沒有意圖徹底阻礙你的環境。譬如，在執行業務的過程中，雖然會遭遇許多困難，但是從結果來看，那些問題本來就是可以解決的，真正瀕臨危機的並不是那麼多。

全世界數以百萬計的公司，日夜上演著各自的連續劇，雖然有時會遭遇到困難而痛苦，但公司也未必會因此而倒閉。所以，大多數人還是可以找到出口的，他們只要努力地尋找以往不曾嘗試的方法，就可以為自己開創新的道路。

有一個觀點是，到目前為止，此世不曾有過失敗的人。我們為了靈魂的修行，才來到三次元的世界，所以失敗根本就不存在。這就和電影一樣，雖然演員在電影中被箭射死了，但在現實生活中依然活得好好的。

我們生活的三次元世界中，即使有時會上演像電影一般的劇情，但是能夠傷害

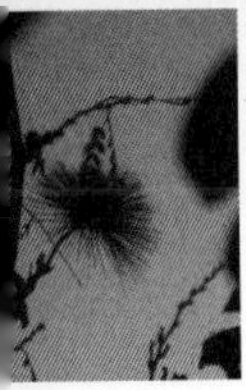

我們的東西，本來就不存在。世間所發生、經歷的事情，如果都把它當成靈魂的糧食、靈魂的教訓，我們就絕對不會遇到挫折及失敗。

這種思考方式，稱為「常勝思考」，時時都是勝利。在人生當中、在每一齣電影當中，要隨時去發現箇中的教訓，希望每個人都能秉持著「常勝思考」。

三、積極的態度

假如可以抱持常勝思考，接下來，積極的態度就很重要了。

人們時常生活在自己所想像的世界中，因此，經常被負面事情追得喘不過氣來的人，或是害怕失敗的人，通常都是自己造成的。這就像會遭人欺侮的小孩子，不管到了哪裡，都會被人欺侮一樣，因為越是覺得自己可憐悲慘，就越有人來欺侮、作弄。然而，總是受人褒獎的人，因為這種被褒獎的氣氛總是圍繞四周，即使到了新的地方，他還是很容易受到他人所稱讚。內心所散發的氣氛，總是會圍繞在自身周圍。

發明家愛迪生曾說過：「在發明燈泡的過程中，即使遭遇了千百次的失敗，但每一次的經驗，都讓我發現這樣做不會成功。換言之，我並不是單單地經歷多次的失敗，而是一次次地讓自己確認了，採用這些方法是無法成功的。因此，我只要用另一種方法，就有可能成功。」這種積極的態度，是人生當中無從取代的力量。

各位真的認為每天只要平凡的度日就好了嗎？各位真的認為人生只要平平順順就滿足、感激了嗎？在人生旅途中，有時碰到的挫折、困難，是否能在日後將它視為心靈的糧食呢？是否能將它視為珍貴的經驗呢？我要提醒各位，把自己獲得的教訓當作精神食糧，是很重要的，千萬不要因為自己遭遇了挫折、失敗，就輕易地將自己視為失敗者。

世上有一種自我憐憫型的人，自己覺得自己很可憐，經常覺得自己是悲劇的主角，這種人絕對得不到真正的幸福。由於，這種人對不幸的感覺特別敏銳，所以時常渴求他人的同情。

譬如，在工作上遇到一點點困難，就把它想得天快要塌下來了，即使犯了點小錯，就以為犯了重罪一般，或者是他人一句不經意的話，就全盤否定自己的人格。

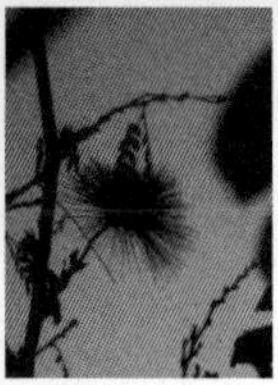

在這世上，確實有很多這種人，總是落入昏暗的迷宮之中。

希望那些總是在心中描繪不幸的人，能夠檢視自己是否具有自我憐憫的性格？自我憐憫是絕對不會為人帶來幸福，只會把自己拉進自我同情的世界。

各位曾否在小時候，因為自己發燒燒得越高，自己就越高興呢？與其因為三十七度的發燒向學校請假，還不如燒到將近四十度，讓自己成為悲劇的主角，如此一來也易於向朋友誇耀。接連好幾天發高燒，躺在床上整整休息好幾天後，自己就覺得自己是悲劇的英雄，進而想要得到他人的稱讚，各位有無這種經驗呢？

其實，這種自我憐憫的心理傾向，會找到各種機會顯現出來。許多人在緊要關頭就會生病，或是內心總是想找一些藉口來逃避。譬如，接近大學聯考時，一定會有人得了嚴重感冒，或是碰到大型比賽時，身體的狀況就變得奇怪，甚至相親的前一晚嚴重失眠，導致臉色變得十分難看。許多人的一生中，總是不斷地重複發生這種情形。

其實，這一類的人打從心底就認定，自己是失敗者。如果細究箇中原因的話，就可以發現這類人在受人安慰時，比受人褒獎更能感受些微的幸福。然而，我希望每個人都務必了解到，總是自找理由、總是描繪自己失敗形象的性格，絕對不會帶來真正的幸福。

自我憐憫，絕對無法與幸福搭上線。自己覺得自己很可憐，自己遭遇到這種不幸很悲慘，不時想得到他人同情，如果你擁有這種想法的話，必須趕緊鼓起勇氣自我改變。其實，根本不需要接受他人的同情，自己隨時都是幸福的，一定要讓自己總是積極向上、總是不斷往前開拓。

一如梅花，即使遭到白雪掩蓋，終究會揮去白雪、綻放美麗的花朵。即使人生的白雪，強壓在自己的身上，讓自己的枝幹彎下，我們還是要抱持著「不經一番寒徹骨，焉得梅花撲鼻香」的心態。千萬不要總是抱怨，自己被雪掩蓋住了，花朵都被壓住了，自己快要凍死了，而是要努力搖動樹枝、抖落白雪，讓美麗的花朵得以顯現。這種積極的態度，才能開拓真正的幸福。

四、雪人型的人生觀

關於雪，我還要分享一個觀念，那就是「雪人型的人生觀」。

每天都會有大大小小的事情，發生在我們生活四周，有些事是幸運的種子，或是似乎會成為幸福的種子，有些事也會變成煩惱的種子，或是擔心的種子，其實這就是現實的世界。那些能夠從中取得教訓、尋得成功種子的人，不管發生什麼事情，每次都能像滾雪人一樣，每滾一次體積就會變大一點。

在滾雪人的時候，即使偶有石頭、土塊摻雜其中，雪人還是會越滾越大，況且，在不斷地翻滾的過程中，還是可以滾上潔白的新雪，雪人依然會越變越大。這種雪人型的人生觀，能讓我們的能力增加二倍、三倍，請不要太執著於那些小石頭、或是泥塊，只要牢牢地記住，每翻滾一次都能讓自己的能力倍增。

即使遭到別人指出自己的缺點，也毋需掛心難過，要不接受它？要不否定它？如果你靜下心、回過頭看他人對自己的批判時，總是覺得對方誤解了自己，務必趕快捨棄這種想法。如果覺得遭到誤解，一定要努力加以說明，化解誤會。然而，如果感覺到對方所言是事實，縱使內心難以接受他人的批評，仍要趕快重新檢示自我，並要認為這是一個寶貴的教訓。

有些人因易於感受到靈的體質而煩惱，有些人因易於遭受低級靈、惡靈附身而煩惱，而我由衷地建議這些人，在心境上必須轉向光明，換句話說，惡靈可以說是一名家庭老師，它告訴了我們，受到它的糾纏表示自己尚未覺悟。

有了靈障，表示你的內心世界不夠清澈明朗，或是表示你並非處於幸福的狀態，心中似乎被隱隱牽絆著，一直焦慮煩惱不斷。靈障通常都是以這種方式顯現，因此為靈障所煩惱的人，就好比擁有自己的家庭老師一般，它告訴自己現在做錯了什麼事。當自己除掉心中的疑念、不滿，以重燃希望的生活態度處事時，這一類的惡靈就會離你遠去。

因此，將一生中所遭遇到的任何事物，全部當成自己的人生之師，這態度是很重要的。在人生的旅途中，遇到優秀的人，就必須效法他的可敬之處；當碰到了那些自己也無法認同的人，就要仔細地研究他是哪一點做不好？並檢視自己有沒有這

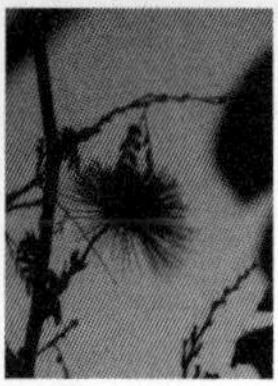

類的缺點？如果有，就得趕緊修正。

人生中所碰到的任何人，都可能成為自己的老師、效法的對象，時時抱持這種觀念的人，與人相處之際就會擁有非常多的優勢。親近喜歡的人，排斥討厭的人，這是人之常情，但當無法避免與討厭的人相處時，應該嘗試著從中了解，他現在所煩惱的問題，或是他為人所厭惡的地方到底為何，並想想自己有無類似的地方。

假設你從朋友、鄰居的失敗中，仔細研究其失敗的原因，就會產生有如打了預防針的效果。如果看到和自己處境類似的人失敗，要設法從中學習教訓；如果看到和自己境遇不同的人成功，也要試圖從中學習經驗。有這種思考方法的人，他的人生必定像滾雪人一般，越變越寬廣，人生必定走向勝利，並必定充滿了光明。

五、無限飛翔之時

當回顧過去之時，自己是否有畫地自限的情形？人，總是為自己設下一個標準。自己從來都不得異性緣、努力唸書也不曾成功、工作也毫無突出之處、甚至也從未獲得他人的稱讚，所以今後也不可能有，有很多人都會抱持這種想法。

我要提醒這些人。為何你們腦海裡，一直出現這種對自己不利的影像？為何一直保護這個自以為是的想法呢？那是值得一提的處事態度嗎？是否在不知不覺中，自己畫地自限了呢？

人生是可以無限飛翔的。這可以從兩個觀點來說，其一是修善自身，將心境轉向光明，以積極態度面對人生，許多問題將迎刃而解；另一個觀點，則是靠他人的協助。

中國人常說，在運氣到的時候，就會遇見貴人，其實，與貴人相遇，就是他人為你帶來幸運。在各位的人生開展之際，必定會遇到貴人，各位必定會遇到為你帶來機會的人。如果世間當中有一萬個人在幫你，那麼幾乎所有的事你都能達成。

並且，對於那些靠自身力量努力的人，必定會有他力的光明，前來助一臂之力。這貴人，有時是世間之人，有時則是自己的守護靈、指導靈，總之，對於那些每日積極面對人生的人，不論是世間之人，或者是靈界的靈人，都會想要前來幫助。

公司的老闆也是如此，看到默默為公司付出的職員，總是會想要拔擢他，賦予他更重要的工作。相反地，如果看到的是毫無拼勁、一心想升官的人，一定會產生排斥之感。當自己以無限積極的態度來處事，感受到這股氣氛的人，必定會前來相助，這時就可能成就一人難以完成的功績。

人生的飛翔是無邊無界的，這必須仰賴自力與他力相輔相成的。然而，追根究柢，自身的積極態度才是根本，也是創造勝利人生的祕訣。

第一章　春意爛漫

一、春天的氣息

當季節明顯進入春天，春光洋溢山野之中，彷彿也可以望見小鳥們的喜悅。春天這季節的存在，似乎是為了告訴人們生命的氣息、人生的季節，然而，人們對於年年準時造訪的春天，到底擁有什麼感覺呢？

春天每年準時地造訪，其實就是偉大的佛所賜予的恩惠，感受到春天氣息的同時，其實就如同感受到佛的偉大氣息。佛的偉大氣息，就是稱讚之聲、勉勵之聲。

當感受到春天之際，這其中蘊含著一個勇氣的原點，這是一個希望的原點、力量的原點、飛躍的原點、邁向未來的原點。當沐浴在佛的恩惠之下的春天氣息中，我們不是更應該用力地去感受，那生命的力量呢！

大約十幾年前，我曾經攀登位於奈良的「甘樫岡」，我在登上甘樫岡時，奈良

著名的「大和三山」映入眼簾，在「三山」的三座山岳之中，有一處廣闊的平原，在我瞭望四周的同時，暮靄也飄浮在山野之中。此奈良之地過去是國家的治理中心，此地也曾舉行過各種宗教儀式，也曾兼容過各種不同的信仰，也曾接受過來自高級靈界的指導。

每當我憶起奈良時，總會想起那裡的春天氣息，佛之心，就如同漫布於奈良浩瀚平原的春天生命力。

二、忍耐的時節

春天的氣息並不是偶然到來，在這之前，必定會歷經一月、二月酷寒的季節，這寒冬是需要忍耐的時節。如同一年當中有寒冬一般，人生當中也會出現這需要忍耐的時節。

這絕不是為了忍耐而忍耐、為了苦惱而苦惱，這都是為了讓人加深對春天氣息的印象。

現在正在閱讀這本書的你，也有許多煩惱吧？其實，絕大部分的人都有煩惱。你認為這煩惱來自何處？我認為，來自你沒有辦法做到根本的信賴。何謂信賴？那是對自己的信賴、對他人的信賴，以及對佛的信賴。首先，是對自己的不信賴，接著對他人不信賴，最後連佛也不信賴了，因為無法做到這三種信賴，煩惱就源源不絕而來。

果真如此，我就必須提醒大家仔細思量，為何腦中都是負面的事呢？為何一直害怕失敗呢？為何一直認為別人會背叛自己呢？為何總是認為佛和自己作對呢？自己背叛自己、別人背叛自己、佛也背叛自己，到底打算要抱持這種不幸的人生觀多久？擁有這樣的人生觀，到底得到多少幸福呢？

即便是他人和自己都認為，現在是需要忍耐的時候，事實上，也只是因為無法做到這三種信賴。當能夠完全信賴的時候，煩惱、痛苦將不復見。

現在正陷入煩惱之人，我想要問問你。你信賴自己嗎？你信賴他人嗎？你信賴佛嗎？這三者你應該都不信賴吧？若是如此，你必須要重新回顧自己內心的原點。

為何不相信佛神？為何不信賴他人？為何不信賴自己？不相信自己，又不相信人生旅途中所遇到的人，最後連佛神也不相信，為何幸福會造訪呢？

希望各位對自己能更有信心。持有這三種信賴，到底會發生什麼壞事呢？即便會出現短暫的煩惱，但這煩惱之後，春天的氣息必定會出現。大家真的認為，他人是為了讓自己徹底痛苦而存在的嗎？真的認為，佛是為了讓人類痛苦而存在的嗎？真的認為，自己是為了失敗而來到世間嗎？應該沒有這種事吧！

自認為現在正處於嚴冬之際的人，希望你們可以回頭看看這三種信賴。首先，從相信自己是佛子出發，接著相信別人也是佛子，大家都處於同為佛子的世界中，偉大的佛一直陪伴著我們。

為何煩惱？為何會因疾病而煩惱？為何認為自己處於經濟上的苦境？為何認為自己遭人藐視？為何不認為在這之後會有更大的名譽、稱讚？當符合佛心生活時，考驗與苦惱就不再出現了。假使有，那不過是自己內心的迷惑，或者是一時的錯覺罷了。沒有了信賴，就等於是忘了或者說不相信自己，是活在佛所創造的世界裡。

我想問問每一個人，相信這世界是佛所創造的嗎？如果相信，也要相信自己就是佛子、他人亦是佛子，同時更要相信佛。如此之下，忍耐的時節，將被春天氣息中的生命讚歌所取代。

三、生命的奔流

所謂忍耐的時節，其實就是無法信賴的時期。

但是，我們可不能一直處於相信自己、相信他人、相信佛的這種被動等待狀態。

到了春天，小鳥們可不是高興地唱著歌嗎？孩子們可不是快樂地遊戲嗎？蜜蜂彷彿也哼唱著歌。小狗、小貓高興地玩耍，動物們似乎也開心地笑著，小草也好像興奮地向上生長，春天的小河看起來那麼地漂亮，小魚們也快樂地游著，為什麼呢？因為它們感受到太陽的溫暖。

太陽的光，象徵了生命的能量、恩惠的能量，但我們不能總是一直等待陽光的

來臨。我們必須自己去找尋春天的時節，必須乘著偉大生命的奔流向大海前進，必須勇氣十足地活出生命中的燦爛。

在忍耐的時節裡，雖然有時需要按兵不動，但需要下判斷的時候、需要勇往向前的時候，還是必須果決地行動。

我曾經在《繁榮的法則》一書中提到，遇到困惑時，就以維持現狀為方針。這絕對不是說要優柔寡斷，當不知是前進好、還是後退好的時侯，不如趁機儲備自己的力量，如同萬物在春天生長之前，必定是在寒冬中靜靜地儲備力量。

一年到頭不會只有冬天，冬天終究會遠去，當春天來臨時，就要脫去冬衣，換上適合春天的衣裳。不只是外在的衣服，心中也是一樣，春天來臨之際，就要脫去冬衣換上春裝。為何不這樣做呢？為何不讓自己的心情也放輕鬆呢？為何不去想會有更美好的事情到來呢？為何心中盡想著困難呢？

維持現狀的下一步，就是鼓起勇氣去打破現狀、去下決斷、去實行。優柔寡斷的人，總是認為「該不會又發生什麼狀況吧？」總是自尋苦惱，若要粉碎這種苦惱唯有「相信的力量」，相信充滿希望的明天將會到來的力量。在相信者的面前，所有的事將會迎刃而解，不會有不可能的事。當懷著巨人般的心境奮起、揮著黃金的斧頭、勇敢開創大道之時，就是人生的春天來到之時。

來到「幸福科學」，如同來到人生中的春天一般。在這春天的時節裡，到底還要磨蹭多久？到底還要賴在棉被裡多久？趕快起身吧！拿出勇氣實行吧！踏出邁向光明的第一步吧！

四、發展之路

各位萬萬不可侷限於自己小小的地位、名譽、頭銜以及財富，每日眼中就只有自己。在這時代中，更要有勇氣向前邁進，更要具備每日自我鍛鍊、感化他人的意念，每個人都要重新思考，自己生於這前所未有的時代的意義、生在這述說佛法的時代的意義。

首先，正視自己內心，是否像樹芽一般的發展。這樹芽在冬雪之中，不也是靜

靜地長大嗎？梅花的花蕾不也是在風雪中成長嗎？櫻花的花蕾不也是在寒風中搖擺嗎？如果樹木是如此，各位更要努力發展，伸展處於內心的枝芽、儲備自身的力量。是否善用這力量向外發展？是否真正地想帶給人類幸福？是否為了讓此世成為烏托邦，而累積足夠的自身力量呢？

在幸福科學中許多的學習、許多的測驗，是希望各位能像冬雪之下的樹芽一般累積力量，儲存自身的實力而做的。當藏於內心的力量飽足時，必定會溢顯於外。樹木發芽後，樹芽就成花蕾，進而就會綻放花朵，當時機來臨之際，必定會呈現這般的結果。

邁向發展前進吧！在這之前，必定要充實自身之力，在枝芽冒出後，試著讓它成為花蕾，接著讓花開三分、七分，最後讓它漂亮地綻放。這就是所謂的發展之路，這需要具有無比的勇氣。

五、無限睿智的證明

每個人的心中，都有一條與佛相通的黃金導管。當人們認為自己為人所孤立，認為自己就像是漫無目的的浮草時，許多的苦惱、悲傷就會浮現內心。但是，當自己覺悟到心中有一條黃金導管，與佛的世界無限相通時，所有的恐懼、不安將瞬間消失。

不要求人，也不要奢求環境，為你改變，唯一要做就是，去發現潛藏在心中的黃金導管。這黃金導管能與佛心相通，所有能量將從導管灌入你心中，無限睿智將從導管之中一湧而出。

不要一直要求外界有所改變，試著反求諸己。如果佛的智慧從天而降，還有什麼值得恐懼？還有什麼痛苦？還有什麼困難？

不妨試著，每日靜下心來讀誦《佛說正心法語》（皈依佛法僧三寶的幸福科學信徒，可領受這部幸福科學的根本經典），無限的睿智將從天而降。《佛說正心法語》是以釋迦的生命體所發出的言魂所寫下。這是宇宙的睿智、人類的睿智。這道

光將透過各位的黃金導管傳遞而來。這部經典的出現，即能讓人與宇宙的無限睿智相連接。

不求外力、不求環境改變，靠自己的力量開拓大道。不要一知半解地思考、學習，要認真地喚起深藏內心的睿智，為此我寫下了《佛說正心法語》，而為了讓每個人更能理解《佛說正心法語》，我又寫了許多參考書籍。如果每日靜下心來閱讀《正心法語》，並將各種書籍當成參考，必定能得到無限希望的光芒。

另外，還有一篇名為「人生的勝利之詩」的詩篇，如果出聲朗讀的話，勇氣將立刻從心中湧現，足以打破人生的苦難及困難。

何不試著以懷抱光明希望的態度，體驗這春天的氣息呢？

第二章　何謂人生的輝煌

一、大自然中的繁榮

夏季，是一個非常有趣的季節，此時，所有的生命都將其光輝發揮到極限。一走到戶外，就會發現日光非常強烈，樹木也呈現出不同以往的濃綠，甚至連樹蔭都格外的明顯，人們可以特別感受到生命的躍動、繁盛。

在感受這大自然生命的氣息時，讓我們不得不想起一年的週期，為何佛要創造一年四季呢？為何要有冬、春、夏、秋呢？我們生活在此循環當中，到底有著什麼樣的意義呢？我們雖然仍很懵懂地生活在四季之中，然而，從現在開始必須思考四季的意義。

譬如說夏天，到底佛所創造的四季當中，夏天具有什麼意義呢？佛創造夏天的理念為何？夏天又隱藏著哪些寓意呢？

我認為，夏天這個季節的意義、理想，主要有以下三點。

第一，夏季意味著「繁榮」。在四季當中，夏季的大自然顏色是最光彩奪目的，是最讓人感到繁榮氣息的。

其實，在夏季讓人有強烈感受的，不單只是繁榮而已，其中強勁、旺盛的意圖也讓人折服，特別是雜草的強韌更為人們所感動。看到那用力將腰桿挺直、用力地伸展葉片、繁茂旺盛的雜草，不得不感慨，人類的生命之光，實在太過微弱了。

為何雜草會如此繁盛呢？從另一個觀點來看，是佛賜與這些人類不知其名的雜草，如此旺盛的生命力。從此以後，我們必須有所領悟，即便雜草外表並不是那麼美麗，即便雜草長不出漂亮的花朵，卻仍富有著頑強、旺盛的生命力。雜草們長得如此茂盛，或許它們正感受著生命的喜悅吧！不，不是或許，而是一定。

由此看來，佛心中的大自然之美，絕對不限於外觀的美麗而已。雖然菊花、櫻花本身是很美的植物，但從外表看來毫不起眼的雜草，也儼然存在於八月這個季節。從這創造夏日風情的雜草身上，我們可以看到繁榮的本質，那是一股向上伸展的力量，一股左右擴張的力量，一股由下往上推進的生命力。這伸展、擴張的力量，即為繁榮的本質。

我們即便不是菊花、牡丹，或者櫻花，仍應像雜草一般秉持著旺盛的生命力，創造繁榮。我們必須向雜草學習，這種向上伸展的精神。

夏季的第二個意義，就是「凋零」終將來臨。

唯有生命進入最盛期之後，凋零期才會來臨。當我們聽到八月的蟬，停在樹上不停地鳴唱，就不自覺地聯想到秋天的腳步近了。當感到生命最美好的時候，經常也是即將結束前的姿態。種植蔬菜、水果也是相同，在最美味的時期之後不久，就必須面臨凋萎、腐爛。

夏天，或者是說繁榮、繁盛本身，就包括著萌芽、衰退的徵兆。我們可以發現，燭火必定是在非常閃耀明亮之後，才會熄滅。

因此，我們必須意識到夏季的第二個意義，那就是在發展期、繁榮期時，必須先察覺即將凋零的傾向，並進一步建立對策。這是佛所想教導我們的。

第三，夏季意味著萬物將變得光彩奪目。夏季是一個能清楚感受到，萬物顏色變得更鮮豔的季節。這也是佛要告訴我們的。

在某種意義上，這鮮豔可以以光的強度來表現，至於，光的強度所指為何呢？那是一種生命在瞬間所散發的光輝。我們在千篇一律的生活中，必須找出讓自己發光發亮的時刻，必須為自己增添些許光彩奪目的顏色。

從別的觀點來看，這光彩奪目又可以說是影響力。如果繁榮意味著爭奇鬥艷、自由自在地不停延伸的話，那麼光彩奪目就可以當成對他人的影響、衝擊。換句話說，不管是什麼樣的人、處於什麼樣的社會、擁有什麼樣的文化，自己都應該設法發揮最大的影響力。夏天的第三個意義，應該就是如此吧。

二、旺盛的生命力

我們進一步來探討，潛藏夏季的力量吧！

如果以一句話來講，潛藏夏季的力量，就是「旺盛的生命力」。為何夏季總是讓人感受到旺盛的生命力呢？其向上伸展的力量為何如此驚人呢？我們必須去探討箇中原因。

這旺盛生命力的根源力量，我認為有二。其一，就是這生命力，已經蘊釀、準備多時了。為了迎接夏天來臨，植物、動物們從冬天到春天已經做了許許多多的準備，因為它們預料到不久之後生命將向上延伸，所以事先累積了內在的力量。當內在蓄積的能量，超越了某一界線時，大幅發展、繁榮昌盛都是可以預料的。

因此，這累積、積蓄的效果到達某一程度時，必會開花結果，以英語來表現就是 cumulative effect，當孜孜不倦地累積資訊、資料，超越某一限度時，就會發揮出異常的力量。

我時常採用這個方法鍛鍊我的思想。在收集書籍的時候，不限定特別的主題，廣泛收集並閱讀自己所關心的話題，經過數年之後，就會漸漸形成一個方向，進而可以總結出一具有價值的資料。在這過程中，經常就會集結出一冊冊的作品。

如果，一開始就以出版一本書為前提，而去收集資料的話，這能算是一個聰明

的方法嗎？我想未必。一開始單純只是收集自己所關心話題的文獻資料，之後再加上自己在知識上所做的努力，當到達了某一點後，累積效果將一一展現，開花結果之日也就不遠了。當目標出現時，接近目標之日也近了。

我深切地感受到向四季學習的重要性。漫無目的地學習佛法真理，或者是為了考試而積極學習，雖然有時看似無法專注於一特定的目標，但在無形之中所累積的內在積蓄，超越某一界線時，就會成為傳道的力量、影響他人的力量、為自己開拓新局面的力量。

這稱為累積效果或者積蓄效果，當超越某一界線之際，就是展現力量之時。不妨試著仔細觀察夏季旺盛的生命力，就會發現它是從冬天至春天所累積的力量轉化而來。

夏季旺盛的生命力的第二泉源，就是來自於「環境的力量」。

夏季的環境嚴酷多變，也充滿了活力。到了夏天，陽光必定強烈，也必然會颳起風、下起雨，有時氣溫的變化會變得異常激烈。在這樣的環境下，勢必會激出旺盛的生命力。

因此，在觀察夏日旺盛的生命力時，必須注意到隱藏其中的環境活力。在數十年的人生當中，身旁的環境必定出現過激烈的變化，換言之，不管是男性或是女性，在人生必定也會碰到類似夏季的時期。

在採取行動之前，必須先察覺環境的變化、知道自己處於何種環境，因為旺盛的生命力也必須自覺於自己身處什麼環境，才能真正激發出來。如果一直以為現在仍是冬季，一直在做準備，人生勢必難以開展。

當感受到環境的變化，覺得自己活躍的時刻來臨了，就應該毫不猶豫地大顯身手，但大前提是，必須擁有豐足的內在積蓄。

三、循環的法則

人生中的春夏秋冬，未必是以一年為週期，有人是三年，也有人是五年，甚至以十年、二十年、或者五十年為週期都有。人生的循環，也未必與大自然的循環、經濟

法則的循環一致，每個人都有各自循環的週期，依照每個人靈魂的器量不同而異。

有些靈魂特別偏好異常的變化，這有時意味著這靈魂肩負偉大的使命，這類靈魂經常會碰到激烈變化的環境。有些靈魂不經過艱苦環境的訓練，就無法發光發熱，因此許許多多的事情會接二連三地發生在這類靈魂上。

此外，有一些不喜歡大改革，具有和平傾向的靈魂，它們所面對的環境循環速度，就會緩慢許多。有些人就是喜歡在十年、二十年，環境一點一點地變化中生活，畢竟每個靈魂所追求的各自不同。

在觀察自己的靈魂後，你發現自己到底具有什麼傾向呢？是希望像夜晚狂風暴雨之中的小船呢？還是希望像春天涓涓流水的小溪呢？

如果你喜歡在狂風暴雨的大海中掌舵，對於了無變化的人生必會感到無趣吧！這樣的靈魂可能達成偉大的成功事蹟，但相反地，也可能遭逢空前重大的失敗。

不管你是那一種靈魂，最重要的是，自己必須知道自己的靈魂，現在正處於哪一個週期？靈魂的哪一部分目前是強健的？哪一部分是現在最脆弱的？自己必須能夠巧妙地度過。

在這循環的法則當中，有一個重要的想法，假如自己正處於衰退期或者準備期，就要徹底地累積內部的積蓄，減少放電、加強充電，讓自己內部的累積愈來愈豐厚。當進入活躍期，這個應該放電的時刻，就要盡可能地大展身手。不過，千萬謹記，繁榮期也是衰退之芽漸漸萌生之時，自己必須開始準備因應下一次的積蓄了。

總歸來說，可以抱持著這循環型人生計劃的人，大多數都不會遭逢太大的失敗。雖然，有些人抱持著一直線型的人生計劃，也能夠平順地達成目標，但絕大部分只要遇遭環境一變化，就會從此夭折。

單調的直線發展，不能稱為真正的發展；朝著四十五度角一直線延伸的發展，也不能稱為發展；真正的發展，必須像螺旋階梯一般，有時看似後退，其實是為了下一次的準備。我認為，唯有計劃不斷循環的螺旋階梯般發展，才為正道。

四、美麗的人生

生於這循環的法則之中，我們自己必須心理有所準備，這可以從兩個觀點來探討。

第一，自己是否具有能夠說服自己的生活態度？

譬如說，在六十歲、七十歲離開此世，回顧自己過去的人生時，是否能夠窺見過去生活的軌跡？一艘名為自己的小船，是否牽引出一道道美麗的波浪、軌跡？雖然，那未必是此世的豐功偉業，但至少是小船移動的痕跡，那接續而來的白浪，當然必須多少看來是美麗的。

這美麗又是所指為何呢？那就是靈魂輝煌的時刻。當自己拿出六十年、八十年的過去，向眾人展示時，到底有沒有一段是心安理得的？

自己二十幾歲時刻苦勤勉的姿態，可以放心給人觀看嗎？自己三十幾歲成了社會中堅時，努力於工作的姿態可以給人看嗎？或者，迎接富裕的晚年時期可以給人看嗎？不管是哪一階段，如果有人拿不出人生中任何一段示人的話，我能篤定地說，他必定過著非常寂寞孤獨的人生。在辛勞不斷的人生中，某處必盛開著花朵，具有偉大成就的人，一定有可以引起他人靈魂共鳴的部分。

所以，大家一定要去檢視，自己那艘名為靈魂的小船，是否牽引出美麗的軌跡？是否激起美麗的浪花？

第二個觀點，就是自己是否能夠調和這美麗？所謂調和，並不是指在各自人生中的調和，而是能否在眾人之中、環境之中有所調和？

僅有一艘船筆直地前進，能夠構成一幅美麗的景象，幾艘船整齊地往前也是一種美麗。如果有些船直直地往前、有些往左、有些往右、有些往後，這倒也未必不能成為一幅美麗的景象，重點就在於彼此如何調和各自的前進方法。這樣的人生，不才是美好的嗎？

當自己的人生有美好的一面時，是否可以和身旁的人適當地調和，並醞釀出更美好的結果？自己在過去是否做到這一點？自己在苦惱的時候，或者是成功順利的時候，是否能夠和他人一起前進，創造更美好的結果？

五、何謂人生的輝煌

何謂人生的輝煌？去追求它、去探究它吧！

夏季或者說八月的這個季節，一直默問眾人一個問題：「人生的輝煌到底為何？」八月這個季節，一年又一年不厭其煩地展現了何謂輝煌，又彷彿向人類下挑戰書一樣，「你們一年之中，難道沒有輝煌的時刻嗎？有沒有辦法散發出輝煌的光芒呢？」

佛創造了大自然的循環，其中包括了每年、每年的輝煌時刻，然而，賦有自由意識、生於此世的人類，卻不能創造出輝煌時刻，這不就是意味著我們生活於怠慢之中嗎？

沒有輝煌時刻的人生，是沒有意義的，人生必須一如閃爍的燈火，隨時散發光芒。如果可能，這光芒不要只停留在自己身上，而要設法串聯到身旁的人，進而將這閃耀的光芒擴展到全世界。這才能夠說是人生的理想。

靈魂的輝煌為何？每個人的器量不同、才能不同，所受的教育不同，所處的環境也不同，成長過程當然也不盡相同。然而，不管在什麼條件之下，都可能讓靈魂發光、發亮。自己靈魂的光芒，到底為何？這必須要靠自己去確認、掌握，這就是邁向覺悟第一步。

你是否每年都能夠大放光芒呢？可能的話，不要說每年，每一個月、每一週、每一天都要努力散發出自己的光芒，唯有如此，才能算是真正地磨練自己的靈魂。

第三章　一日一生

一、初秋有感

酷暑彷彿已過，臉上似乎可以感受到，初秋的涼風微微撫過。

在夏天努力鍛鍊體力的人，此時應該顯得精力充沛吧！至於學習了各種知識的人，隨著知識的累積，到了秋天應該也滿懷無比的衝勁吧！在夏天什麼也沒做的人，此時應有嶄新的氣息吧！

我也試著踏出迎接秋天的第一步。

到了秋天，人們心中總是懷抱各種的感覺。譬如說，早晨起床呼吸到涼爽的空氣時，心情為之一新的感覺。或者到了傍晚，心中就出現哲學性的想法，或是心中浮現著多首詩歌。為何到了秋天，心情會有如此的轉變呢？

那是因為氣溫逐漸下降，度過盛夏的草木準備過冬，農作物迎接結實日子的來臨，在肉眼看不見的世界中，營造另一種殊異風情的緣故吧！

到了秋天，原本烙印心中的言語、文學，總會敲醒人們內心的感性。為何一到了秋天，人們心中會出現那種想要靜靜地閱讀文學的美好感覺呢？或許，對人們來說，秋天是最適合洞察人生的季節吧！長久以來，人們可能總是這麼看待秋天。

二、收穫之時

對「幸福科學」的會員而言，「收穫」是什麼呢？在何種狀態下，才能算是有了收穫呢？

我認為，對於「幸福科學」的會員來說，至少滿足以下三個條件，才能說是有了收穫。

第一，自己是否不斷地去探究正心？探究正心並不是今天、明天的工作，也不是新入會才做的工作，而是必須持續一年、二年、三年，甚至更久。當確認自己能

持續不斷地探究正心時，就可以說是有了第一個收穫。

最初，自己要求自己「探究正心」的時候，並不會感到特別的困難。但是許多人經過了半年、一年、二年，就慢慢遺忘了初衷，將當初的理想束之高閣，開始衍生各種欲望。所以大家必須時時回歸原點，檢視自己是否保持「正心」。

「探究正心」沒有辦法像銀行儲蓄一樣，事先將錢存入。如果是銀行，可以在帳戶裡存個一兩百萬，日後只要一點一點提領，在短時間之內，帳戶內還是會有錢。但是，對於「探究正心」而言，這個道理是行不通的，這是每天、每天的工作，無法預先存放起來。正因如此，每日持續不斷地探究正心，比什麼事都來得重要。

身為會員能夠說有了收穫的第二個條件就是，在學習佛法真理時，有自信已經達到一定的程度了，或者說得到真實的感受了。

「幸福科學」是以「佛法真理的探究、學習、傳道」為宗旨，而且基本前提是按照上述的順序，一步、一步來實行。

首先，是佛法真理的探究。對於每一位指導者而言，在不斷探究佛法真理的過程中，都持續會有新的發現、體驗。而每一位會員都以探究正心為中心，進而深入探究佛法真理對自己的意義。

其次，是佛法真理的學習。所謂「學習」，並不是以自己的偏見去閱讀「幸福科學」所出版的書籍等等，而是以循規導矩的方式去研讀，並且持續不斷地努力累積一定的力量。

有許多人搞不清楚，這與學校的學習有何不同，甚至予以輕蔑。我必須再次提醒這些人，務必認清佛法真理的學習具有何等價值。

在世間學習我所說的佛法真理，具有無與倫比的價值。世間當中尚有許多人不知佛法真理，這些人在如此狀態下前往另一世界後，才會驀然地發現，現實中自己所擁有的常識與佛法真理的知識存在著極大的落差，內心產生莫大的衝擊。

此外，這當中有一部分的人，是在幽暗的地獄之中修行，對於他們不知學習佛法真理，我真是感到無比的痛心。然而，這不知學習的責任是無法推卸給他人的，更無法在墜入地獄後才對教育單位抱怨：「都是因為你，沒有教導我正確的知識，

我才墜入地獄。」這種辯解是行不通的。在此人還生於世間時，佛法真理的種子、材料，以各種方式供此人學習，是此人自己無視、輕蔑其存在的，他自己必須擔負起這個責任。

即便是和地獄無緣的人，在離開世間後，察覺到靈性世界的真相與世間的觀念有大幅落差，內心產生了無比的困惑。這些人多數會在四次元的幽界中，待上五十年、一百年，如果他們事先就紮實地學習佛法真理的話，就能早一天前往自己原本應該居住的世界，並且更進一步的學習。但很遺憾地的是，經過數十年間在世間沒有學習佛法真理，已經延緩他們靈性的進化了。

由此觀之，佛法真理的學習運動，更應該加以大大地推廣，每一個人學習佛法真理的時代，已經來臨了。千萬不可忘記，學習佛法真理本身就是一種傳道的方法，這絕對不同於學校的學習，這是一種可以拯救人類的方法。

至於第三個條件，就是探究、學習佛法真理之後的「傳道」。自己所學習到的佛法真理，到底如何運用才能在世間顯現成果？你是自顧自的學習，將其藏在心中嗎？或是用於勉勵他人，激勵他們在人生旅途中更努力？還是曾給過他們什麼好的影響呢？這一類的檢討，是必要的。

如果將佛法真理當成自己一個人的寶物，終究也是枉然。這就好比努力地收割稻穀，最終卻只是堆放在田地上，沒有將它儲藏在倉庫一樣，這當然不能稱為有了收穫。所謂的收穫，必須是將它運用在人們的身上。

首先是學習佛法真理，其次是實踐，接著是傳達出去，並給予他人影響，讓更多人得到指引。這些都是日日必須去實踐的。

從探究正心、探究佛法真理所開始的學習、實踐、傳道，其中傳道的型態非常多樣，唯有做到此階段的幸福科學會員，才能說有了第一階段的收穫。

三、一日一生

「一日一生」這句話，是從聖經中耶穌基督所講過的：「不要為明天憂慮，因為明天自有明天的憂慮，一天的難處一天當就夠了」衍生而來，內村鑑三等人也時

常使用這句話。內村鑑三曾說過：「一日一生。將一日當成一生來度過，在這句話當中，蘊藏著基督徒原本的姿態。」

這句話不只用於基督教，在佛教界或者其他宗教界也可以看到。將一日的時間，當作是一生來處世，這種觀念非常的重要。

我所講的反省方法，也是從「將一日當作一生」的觀念出發。有些人認為「一日是一日，一生是一生，這兩者完全不同。死後來一次大清算即可，死後回到另一個世界再反省就好。」然而，在數十年人生中的錯誤思想、行為，實在是難以在一朝一夕修正。這和暑假作業一樣，原本設想在暑假快結束前再一次做完，但通常最後都是以「悲劇」收場。唯有每天一點一點的進行，才能避免這種情形發生。

工作也是一樣，想要一舉將堆積如山的工作完成，並不是那麼簡單的事情，必須每天一點一點地處理才行。今日事、今日畢，確實地執行每日應完成的工作。

講到反省也是如此，唯有將一日當作一生的反省，才是真正的反省。為何這麼說呢？因為人類非常地健忘。當天所發生的事情，在上床就寢之前都還可以清晰記得，因此當天才是絕佳的反省時段。在檢視自己一天的思想時，可以試著回想曾經有過怎樣不好的念頭，或者有了怎樣錯誤的想法。對於當天所做過的事也是一樣，想想為何自己會有這樣的行動呢？有沒有更好的處理方法呢？若要反省這一類的事情，唯有在當天才能做到。經過一天、兩天，記憶就會愈來愈模糊，即使想試著反省也想不出個所以然。況且，對於自己所犯的錯，經過時間一久，自己就會原諒自己，漸漸地就把此事給遺忘了。

但是，每一天的錯誤思想、錯誤行為，其實就像是體內的癌細胞一樣，如果放著不去管它，漸漸地就侵犯自己，最後導致自己躺在病床上。如果輕忽心中被病毒侵害的部分，久而久之就會蔓延開來，唯有每日、每日地檢查，並在發現之後就立即採取治療手段，才能避免這情形的發生。

再一次懇切地強調，反省必須以「一日一生」為出發點才行。

四、切斷煩惱

「一日一生」這句話，涵蓋了「切斷煩惱」的意思。即便是多麼在意過往的事，或是擔心未來可能發生的事，人們都難以有個明確的結果。切斷煩惱，是人類安心立命的必要條件。

人類有百分之八十以上的煩惱，都是來自於太過於憂心尚未發生的事。大多數的人，都是在煩惱一年後、五年後、十年後的事情，他們不是在構想現在應該怎麼做，而是在預測明年的不幸，甚至兩三年之後的煩惱。

那些需要馬上處理的煩惱，其實並沒有那麼多，那些所謂的煩惱，絕大多數都是來自於容易擔心的性格。換句話說，這些煩惱的起因，都是自己在過度憂心未來不一定發生的事情。

此外，每天懊惱過去的悔恨，是毫無意義的，這等同將煩惱再度擴大而已。譬如說，自己煩惱與某人之間的人際關係，總是內疚自己對他說過失禮的話，如果可以想起「一日一生」這句話，然後立即向對方致歉，如此一來，煩惱就會瞬間消失、切斷。然而，如果沒有道歉的勇氣，對於自己一週前的不當言行，不僅是今天煩惱、明天煩惱、後天也煩惱，久而久之就會變成心中永遠的煩惱。

考生煩惱一年後的大學考試是否會落榜，或許被認為情有可原，但是，在這個時點上煩惱明年會不會上榜，到底有什麼好處？當下應該考慮的是，如何提高自己的學習質量與份量，以及如何將此質量、份量延續下去，憑空擔心煩惱明年考試的季節自己是否可以保持巔峰狀態，是毫無用處的，唯有每日、每日努力、戰鬥，前方的大道才會展開。

一些被稱為「人生高手」的人，絕大部分都很擅長處理「切斷煩惱」。在現在這個時間點上去煩惱，事情就能獲得解決嗎？或者是毫無益處的？可以瞬間做出決定的人，人生中的負擔必定不會那麼多，而且他一定能夠抱持著輕快、明瞭的人生觀。

在日本北陸地方需要清除屋頂的積雪，如果積雪累積到一定程度後，卻不去清理它的話，最後屋頂就會被厚重積雪的重量壓垮。不必懷疑，積雪真的擁有如此大的力量，能夠把屋頂壓垮，因此如何找出解決的方法，就顯得相當重要了。

然而，仔細想想，壓垮屋頂的積雪有好幾噸重，若要將它移動的力量不也需要

好幾噸嗎？有人看過利用堆土機去清除屋頂的積雪嗎？應該沒有吧！一般都是使用鏟子或是圓鍬，一鏟、一鏟地將積雪從屋頂上移除。即便是幾百公斤、幾千公斤，只要一個鏟子，連小孩子都可輕易清除屋頂上的積雪。

解決煩惱就像清除屋頂上的積雪，一旦長時間不去清理它，最後就會遭受屋頂被壓垮的威脅。但是，如果一點一點地利用鏟子去清除，危機就會漸漸地解除。這清除積雪的工作，其實就是「一日一生」的反省，「一日一生」的行事態度。

如何規劃一生？如何讓一生展現最大的光輝？想到這類深遠的問題，必定讓人不知從何著手。如果是如何讓每一天、每一天展現光輝的話，應該就不是那麼困難了。

我寫書也是一樣，如果今年內預計要出版五十本書，即便我想要一口氣同時出版這五十本書，也根本辦不到，還是必須一本一本地問世。學習也是如此，同時閱讀這五十本書，是不可能做得到的，唯有踏實地一本一本的學習。如果還是無法了解「一日一生」這句話，請參考清除屋頂上積雪的例子，再仔細地想一想。

五、嶄新的生活

「一日一生」還有其他的意思，那就是「每日都朝向嶄新的生活出發」。

對於人類而言，最感恐怖的事是什麼？不是外敵、疾病，也不是死亡，真正最令人感到害怕的是，每日的倦怠、怠惰，以及每天過著平凡的生活，這就像用柔軟棉花緊緊纏繞脖子上般痛苦。在每日的平凡生活中，難以呼吸到新鮮的空氣，難以伸直腰桿，許多人快被這棉花纏到窒息了。從另外一個角度來看，這日復一日的倦怠，就是煩惱的真面目。

如果想以「一日當作一生」為出發點時，什麼是應該注意的呢？那就是不要吝於在每一天、每一天當中下工夫。這是開始新生活的第一步，萬萬不可把一日的時間都用在反省上，每天都要朝向希望出發，每一天都是嶄新的早晨，還要常常問自己：「今天要有什麼發現呢？有什麼創新呢？要下怎樣的功夫呢？」

昨日已過，今天該有什麼作為？如何讓今天結實豐收？今晚要有怎樣的收穫？對於那些每日都對人生下工夫、有創新的人而言，他必定擁有連續的勝利。每日怠

惰度日的人，與每天早晨都重新出發、每一天都下工夫的人，這兩者之間有著截然不同的差異。

對你而言，「一日一生」蘊含著什麼樣的意義呢？想起了什麼嗎？知道應該怎麼做了嗎？打算如何改善自己的生活呢？自己的態度要怎樣改變呢？人生觀該如何轉變呢？

不改變自己的生活態度，就沒有嶄新的生活，就等於沒讀過這篇文章。

對你而言，何謂「新生」？對你而言，何謂「嶄新的一日」？這答案，一定要仔細去想想。

第四章 大宇宙的意志

一、銀河與人類

在凝望夏日夜空時，是否曾注意到滿佈天上的星星？是否曾在幼年時期或是青年時期，在窗邊瞭望夏日天際呢？看到懸掛在夏日夜空中的那道神祕銀河，應該每一個人都有所感觸吧！大多數的人都會沉醉在那宇宙的神祕感，以及宇宙的浪漫中吧！

好長一段時間，我也對那天上的銀河、大宇宙的神祕產生濃厚興趣，並曾在心中多次思索，牛郎與織女於銀河相會的七夕傳說。

但是，我認為不可以一直沉醉在這幻想神話中，我們必須面對現實，重新思量眼前的事物。這現實為何呢？那就是「時間與空間」，我對於大銀河中的時間和空間，有著與眾不同的感受。

假設一個住在距離地球非常遙遠星球的人，現在正以精密望遠鏡看著我們，他

們眼中的我們會是什麼樣子呢？假設那星球距離我們十光年之遠，他們所看到的，應該是十年前的我們吧？如果距離更遠的話，他們看到的，應該是一百年前、二百年前，甚至是一千年前、二千年前的地球人吧！相同地，當我們以望遠鏡瞭望夏日夜空時，眼中那些閃爍著亮光的星星，應該有些已經不存在了吧！這些過去所散發的光芒，經過數百年、數千年、數萬年的時間，映入我們眼簾時，實際上，發出光芒的星星應該已經消失了。

一想到這裡，就覺得住在這廣闊宇宙的人類，其實是非常渺小的。這的確是一種非常不可思議的感覺，但是，我們存在這大宇宙的事實，任誰也無從否定。另外，我們肉體中存在著像銀河一般的小宇宙，也是不容質疑的，心臟就如同銀河，其他器官就像是行星一般，而對於住在體內的微生物、細胞而言，人的身體就像是大宇宙。

在這極微小與極廣大的世界之間，人類很難客觀地判斷自己所處的地位，哪一個才是真實的呢？是大？還是小？我們實在難以去了解，因為沒有一個絕對的尺度，可以測量人類所處的地位。如果從更高的觀點來看，地球只不過是銀河的一個微小細胞，人類僅不過是住在這細胞上的微生物罷了。人類是難以用確定的距離、尺度去衡量的，希望每個人都將此觀念放在心中，並視為一個出發點。

二、三次元世界的真相

身處銀河中的我們，如果認為現在居住的地上世界，其實就是相對於宇宙的地球的話，這種觀點是不夠完善的。

我們所處的三次元宇宙，其實包含著廣大銀河，若從四次元以後的靈界來看，我們就好比漂浮在空中一般，當然也可以用漂浮在水槽中的世界來形容。從超越大宇宙的四次元以後的真實世界來看，我們三次元宇宙就好比是置於房間的水槽一般，水槽中的小石頭就相當於一個龐大的行星星系，石頭上的小細胞就是地球、太陽。如果從較大的觀點來說，或許我們就像是在水槽中游動的金魚而已。不管如何，我們認為廣大無邊的三次元宇宙，如果從四次元世界以後的觀點來看，其實是

一個封閉狹小的世界。

四次元以後的實在界，是以不同的角度來看三次元世界的人類。到底是什麼不同的角度呢？從結論來說，就是「時間」這個要素。譬如，一位高級靈前來指導地上的人們，然而，他眼中所看到的人們，並不限於他現在的生活，就連他過去的一舉一動都是清清楚楚，除此此外，還可以看到他未來的樣子。換言之，在高級靈的眼中，人的姿態是以二層、三層的方式顯現。因此，世間在另一個世界的眼中，是一個沒有定數、不可思議的世界。

我們生活於三次元世界中，遵循著一些理所當然的規則，相信著這些規則是絕對不變的，然而，這些我們以為是絕對不變的規則，卻未必是絕對的真理。我們眼中確實存在的桌子、椅子、房子、大地、高山等，從異次元的角度來看，卻可以看到未來崩壞的景象，或是可以看到最初原始的模樣。

譬如，從異次元的角度來看，可以看到你眼前這張桌子最後毀壞的樣子，或是可以看到製作成桌子之前的最初模樣，甚至可以判定它是何種樹木。如同這樣，過去、現在、未來其實在同一空間、同一時間內，清清楚楚的。

我們處於一個非常不確定的世界中，自己的大小不確定，處於那一段時間也不確定，我們充其量，不過是浮游在時間的流動中罷了。

三、捨去虛飾

對於身處這不確定時空中的我們，什麼才是重要的教義呢？對於住在滄海一粟般的地球上的我們，什麼想法才是重要的呢？或者說，對於包覆於高次元世界當中的地球人，什麼才是重要的呢？

一言以蔽之，就是「捨去虛飾」。虛飾，這虛幻的裝飾到底為何？即是特殊的三次元式裝飾、三次元式發想、三次元式價值。當捨去這些虛飾時，才能重觀自己真正的姿態。在實際生活中，到底什麼是虛飾呢？希望每個人都能仔細思考這個問題。

在「虛飾」之中，最值得檢討的，就是人的「價值觀」。在這價值觀中，有一個所謂「自我重要度」，亦即身分地位、職稱頭銜，或是學歷高低、金錢多寡等等。然而，每個人都必須知道，這種價值觀中具有兩層意義，其一為是否具備符合真理的價值，其二為是否具有實用的價值。

從真理價值和實用價值這兩個觀點來看，若能兩者同時兼具，其實就能符合來世的價值。假若只具備世間實用性的價值，從來世的觀點來說，許多都只是虛飾罷了。

其實，在世間得到地位的人們之中，有許多人是可以適任於另一個世界的。例如，在世間成為指導者的人，不管是擔任老闆或是政府要員，只要過著充實的人生，回到實在界後，必定也可以成為指導者。

然而，有些人獲得這些頭銜、職位，單純是為了滿足自己的虛榮心、名利欲望，使得這些地位僅適用於世間的實用價值，無法符合來世的真理價值。

當我們看待一樣東西的價值時，不能單看適用於這個世界的實用價值，應該思考這是否具備了貫穿靈界的真理價值。對於金錢也是如此，如果過度在意多寡的話，將變成僅適用於世間的實用價值而已，若能以超越世俗的觀點來看待，它就有可能轉換成真理價值了。

最重要的是，每個人應該當下覺悟、重新檢視此世價值觀，因此，我們必須先看看自己是否純真？自古以來，佛教就不斷提醒人們要「反省」。回顧己身、捨去矯飾，當捨去那虛幻的裝飾，便能看清自己執著不已的，是否具有意義？那些令自己執著不已的，是否包括有用的？相互比較之下，有用的和無用的，哪一種比較多呢？或者自己在追求的同時，是否傷害了他人？這一類的反省，是如何做都做不完的。

這種「捨去虛飾」的反省，在此世不做，回到實在界時，還是必須要重頭來過，這是一個無可避免的歷程。每個人都要將每一天，當作自己一生的一部分、一個獨立的單位，每天都要觀察自己是否有多餘的矯飾，檢視自己是否產生了貪婪之心？

四、徒手而立

人很容易把眼前的經驗、物質、錢財等等，當作判斷的基準，並將這些視為理所當然，然後以此為追求發展的起點。

換言之，一個年收入五百萬的人，只會思考如何把收入往五百萬以上增加，絕不會假設自己是零收入的狀態。或是一個開公司的負責人，會視現今公司的規模，為未來發展的出發點，然而，卻很少人認真想過，公司能如此發展並非理所當然。許多人之所以會有接連不斷的煩惱，是因為自己把現在的處境、狀態，視為理所當然、本應如此而造成的。

譬如，有許多主婦抱怨無法與先生好好相處，在這些主婦的想法中，大部分都把結了婚的自己、先生有固定的工作、有了小孩、有家人等等，視為當然，並感嘆著先生對自己的態度，已不如以往溫柔。然而，擁有現狀，是理所當然的嗎？當初如沒有碰到現在的先生，我現在會是怎樣呢？如果沒有家庭、沒有小孩，現在又是怎樣呢？怨懟的主婦們是否想過這類的問題？試想如果雙親生下自己之後就去世，現在的我可以結婚嗎？又會變成怎樣呢？當你做這類的思考、反省時，勢必會發現造成自己煩惱的那些理所當然之事，事實上都不是理所當然的。

我們現在所擁有的煩惱，若從第三者的角度、或是佛的角度來看，都不是應該存在的。那好比雙手捧著滿滿的東西，卻一直想要再往上增加；也像一個明明雙手拿滿東西，背上背滿行李，看到前面有一座寶山，卻還想設法攜帶回家的人。

在面對這類煩惱時，應該重新面對自己，讓自己回歸到原點，將自己心中所有念頭都歸零，並試著以「這不是理所當然」的態度來處事，然後秉持著「徒手而立」的心態向前邁進。「徒手」，換言之就是赤手空拳。何不試著捨去自己所擁有的東西，再看看自己究竟真正擁有些什麼？

舉學歷為例子好了，某人從赫赫有名的大學畢業，他一生中腦袋裡都惦念著這件事，當他晉昇課長時，卻百思不得其解，自己明明是名校畢業的，竟然比另一個人晚升職，收入也和他一樣，這真是太奇怪了。但是，當他撕掉名校這個標籤之後，還能適用於哪一個地方呢？還能適用於什麼程度呢？當如此考量時，應該就會恍然大悟，其實自己沒什麼好驕傲的。

擁有自信，當然是很重要的，但那些成為自信根源的條件，是理所當然的嗎？將它排除之後，自己又會變得怎樣呢？

我自己也有過這樣子的經驗。當辭掉公司職務，開始展開「幸福科學」的活動

時，我也確確實實感受到「徒手而立」的意義。當我離開公司的時候，我知道自己必須捨棄過去擁有的，譬如，進公司之前累積的學問、進公司之後累積的工作經歷、朋友及上司的提拔，或者年收入、信用等等。將這些外在因素捨去之後，我還留有什麼呢？一想到此，讓我不得不真實地感受到必須捨去虛飾，務必「徒手而立」啊！

我不得不認為，應該把自心當成一支撬棍，以它為施力點，畢竟真正能夠依靠的，只有自己的想法和行動而已。

從零開始的「幸福科學」，現今已成為世界性規模的團體。在發展過程中，我不時會想起「徒手而立」這句話。從一無所有開始的團體，沒有資金也沒有職員，能夠發展到現在這樣子的局面，即便今後遭遇了怎樣的困難，只要隨時歸到原點，覺悟「徒手而立」的道理，無論什麼困難都能一一突破吧！

五、大宇宙的意志

從極微小和極龐大的兩個角度觀察人類，我發現，不管是從大宇宙的觀點來看，一個如同微小細胞的地球當中，或者是生存在這細胞裡的人類當中，都存在著大宇宙的意志。這是一個不可不知道的事實。

我們不能以質量多少、規模大小，來判斷某物的重要性，終究還是必須看看它是否具備了貫徹到底的核心價值，人類只要具備了這價值，必能走上成功的康莊大道。相較於大銀河、大靈界，人類的存在雖然渺小，但是只要自己的思想、行動純正，終究能貫通大宇宙的意志，並且對祂做出某種程度的貢獻。

不管我們是極小，或是極大，我們還是必須時常回顧自己內心，是否長存著真實的真理之光？是否和大宇宙的誕生、孕育、發展、繁榮的這種意志相契合？如果內心的核心價值是和大宇宙的意志相通，就無所恐懼害怕了。任何人只要抱持「徒手而立」的覺悟，並決心在這三次元世界中永遠修行，前方必然出現開闊無比的成功大道。

重要的是，自己的核心價值和大宇宙的「生成、培育、發展、繁榮」是否一致。希望每個人都能時常審視自己的意志，是否和大宇宙的意志互相融合、互相一致。

後語

本書主要以愛與幸福的觀點，闡述了讓自身改變的方法。對於人來說，最重要的即是愛的教義。愛即是憧憬、愛即是理想、愛即是向無限的高處飛翔的願望。而所謂的幸福，並非能從他人身上獲得，而是當你下定決心要讓眾人獲得幸福時，幸福將自然而然降臨於你身上。

這就稱做「施愛」或稱「探究正心」，對此，本書當中以各個面向做了闡述。衷心盼望世間充滿著溫柔和善之人。此書即是在此願望下寫成的。

如果讀者能夠體會到我如此的期盼，那就沒有不幸福的事了。

大川隆法

國家圖書館出版品預行編目資料
愛與幸福的原點
大川隆法 著
初版──臺北市：佳赫文化行銷，2010.04
面；　公分
ISBN：978-986-6271-07-6
1. 靈修
192.1　　99004731

What' s Being 009
愛與幸福的原點

作　　者：大川隆法 著
總 編 輯：許汝紘
副總編輯：楊文玄
美　　編：楊詠棠
行銷企劃：吳京霖
發　　行：楊伯江、許麗雪
出　　版：佳赫文化行銷有限公司
地　　址：台北市大安區忠孝東路四段341號11樓之三
電　　話：（02）2740-3939
傳　　真：（02）2777-1413
www.wretch.cc/blog/cultuspeak
http://www. cultuspeak.com.tw
E-Mail：cultuspeak@cultuspeak.com.tw
劃撥帳號：50040687信實文化行銷有限公司

印　　刷：元倫彩色製版印刷有限公司
地　　址：台北縣中和市中山路二段327巷13號2F 電話：（02）2240-2465

圖書總經銷：時報文化出版企業股份有限公司
中和市連城路134巷16號
電　　話：（02）2306-6842

本著作由佳赫文化行銷有限公司在台灣地區獨家出版發行繁體中文版

2010年4月初版一刷
定價：新台幣250元

若想進一步了解本書作者大川隆法其他著作、法話等，請與「幸福科學」聯絡。

社團法人中華幸福科學協會　地址：台北市松山區敦化北路155巷89號
電話：02-2719-9377　電郵：taiwan@happy-science.org　網址：www.happyscience-tw.org
HAPPY SCIENCE HONG KONG LIMITED　地址：香港銅鑼灣耀華街25號丹納中心3樓A室
電話：(852)2891-1963　電郵：hongkong@happy-science.org　網址：www.happyscience-hk.org